Königs Erläuterungen und Materialien
Band 304

W0183859

Erläuterungen zu

Ulrich Plenzdorf

Die neuen Leiden des jungen W.

von Reiner Poppe

Bange Verlag

Über den Autor dieser Erläuterung:

Reiner Poppe: Studium der Anglistik, Romanistik und Germanistik. Unterrichtstätigkeit im In- und Ausland.
Postgraduiertenstudium im Fachbereich Erziehungswissenschaften und „Interkulturelle Studien".
Langjährige Sonderaufgaben in der Lehrerausbildung und -fortbildung. Derzeit mit der Leitung eines schulübergreifenden Projekts zur sprachlichen Integration von Jugendlichen mit Migrationshintergrund in Leverkusen (NRW) beauftragt.
Zahlreiche unterrichtsbezogene Veröffentlichungen zur amerikanischen, englischen und deutschen Literatur.

1. Auflage 2002
ISBN 3-8044-1788-4
© 2002 by C. Bange Verlag, 96142 Hollfeld
Alle Rechte vorbehalten!
Titelabbildung: Szenenfoto aus dem Film „Die neuen Leiden des jungen W." (BRD 1976), Klaus Hoffmann als Edgar Wibeau, Leonie Thelen als Charlotte.
Druck und Weiterverarbeitung: Tiskárna Akcent, Vimperk

Vorwort

Die DDR gibt es nicht mehr. Die Karte Deutschlands (auch die Mittel- und Osteuropas) sieht jetzt anders aus. Wir sprechen von „Altlasten", die übernommen werden aus der ehemaligen DDR, und meinen damit alles, was durch die dortige politische Führung an Missständen verursacht worden war. Diese Mängel, Versäumnisse und traurigen Hinterlassenschaften überwinden – das ist unser gemeinsames Ziel in den neuen und alten Bundesländern.
Zu den „Altlasten" gehört auch die DDR-Literatur, gehören auch die zahllosen Autoren, die Literatur für dieses Regime geschrieben haben, zählen aber auch die anderen, die „dagegen" waren und trotzdem geblieben sind – Plenzdorf etwa.
Sagen wir doch besser: „Neulasten", denn Schriftsteller vom Schlage eines Ulrich Plenzdorf, die schon „drüben" unbequem waren, werden es jetzt nicht weniger sein. Wir wünschen es der deutschen Literatur, die nun nach 1989 wieder eine gemeinsame ist, und der die „Altlasten" und „Neulasten" hinreichend Stoff liefern zur Bewältigung unserer jüngeren Vergangenheit.
Die neuen Leiden des jungen W. stellen sich aus gegenwärtiger Perspektive betrachtet historisch und (beinahe) anachronistisch dar: Die Verhältnisse, in denen Jugendliche wie Edgar Wibeau leben, gibt es nicht mehr. Das von Plenzdorf Dargestellte wäre damit „Schnee von gestern". Oder doch nicht?
Sieht man von der gesellschaftlichen Hintergrundfolie ab (DDR), in der das Geschehen des Romans angesiedelt ist, bleibt noch genügend Raum, um Allgemeingültiges, ewig Zeitgemäßes daraus zu abstrahieren. Mit „Identitätssuche" und „Identitätskonflikt" lässt sich der Weg des jungen Mannes auf der Suche nach sich selbst stichwortartig am einfachsten bestimmen.

Immer tragen die (gesellschaftlichen) Verhältnisse wenigstens teilweise zu Erfolgen und Misserfolgen auf diesem Weg bei. – Plenzdorfs Roman zählt zur politischen Literatur im engeren Sinne. Er ist entsprechend zu lesen und zu deuten.[1] Ersatzräume allerdings ließen sich finden: Wäre Wibeau in den uns vertrauten Verhältnissen undenkbar? Einem kreativ angelegten Literaturunterricht könnte die dankbare Aufgabe zufallen, einige Partien des Romans auf die westdeutsche Gesellschaftsfolie zu übertragen. Was wäre anders?
In diesem Band unserer ERLÄUTERUNGEN und MATERIALIEN greifen wir auf allgemein zugängliche und bekannte Literatur zu Plenzdorf zurück. Wir haben versucht, die „politische" und die „private" Ebene des Romans angemessen zu berücksichtigen, sehen ihn aber im zeitgeschichtlichen Kontext eher als einen gesellschaftskritischen Appelltext, der auch heute noch Fragen an uns richtet.
Wir möchten besonders dem jugendlichen Leser Gelegenheit geben, an Hand unserer klaren und knappen Informationen einen Hintergrund für das bessere Verstehen des Romans aufzubauen, ohne ihm dabei die angenehme, zuweilen wohl auch als lästig empfundene Pflicht abzunehmen, Plenzdorfs Roman zu lesen oder auch einzelnen unserer Hinweise nachzugehen.

Wo in einer Nation politisches Bewusstsein ist, da wird dieses Bewusstsein auch seinen poetischen Ausdruck finden, da wird es eine politische Poesie geben.[2]

Reiner Poppe

1 „Politische Literatur" will „die Nöte, die Krisen und Mangelerscheinungen, die Konflikte einer Epoche aufdecken und auf künstlerische Weise formulieren." – Vgl. Hans Jürgen Skorna, *Zur didaktischen Erschließung politischer Dichtung*, S. 11

2 R. E. Prutz (1816–1872), deutscher Schriftsteller und Literarhistoriker

1. Ulrich Plenzdorf: Leben und Werk

1.1 Biografie

Jahr	Ort	Ereignis	Alter
1934	Berlin	Ulrich Plenzdorf wird am 26. Oktober in B.-Kreuzberg als Kind einer Arbeiterfamilie geboren. U. Plenzdorf ist immer stolz auf diese Herkunft gewesen.	
1954	Leipzig	Plenzdorf macht das Abitur und beginnt am Franz-Mering-Institut in L. ein Studium (Philosophie und Geschichte).	20
1955	Berlin	Vorübergehende Tätigkeit als Bühnenarbeiter; danach Dienst in der Nationalen Volksarmee (NVA)	21
1956	Berlin	Nach dem Ende der Militärzeit studiert Plenzdorf an der Filmhochschule in Berlin-Babelsberg. Er wohnt in Ost-Berlin.	22
1964		Mit *Mir nach, Canaillen!* schreibt er sein erstes erfolgreiches Drehbuch.	30
1968	Berlin	Plenzdorf befasst sich mit Goethes *Die Leiden des jungen Werther* [3].	34

3 In einem Gespräch (1973) sagte U. Plenzdorf: „Werther stand während unserer Schulzeit nie auf dem Lehrplan." – U. Plenzdorf, zitiert bei Lore Lucas, *Textsorte Drama*, S. 169. Der junge Autor machte, ganz ähnlich wie sein Romanheld Edgar, bei seiner späteren Lektüre des Klassikers regelrechte Entdeckungen.

Jahr	Ort	Ereignis	Alter
1969		Erfolg mit *Weite Straßen – stille Liebe*	35
1971	Berlin	Plenzdorf wird mit dem Kunstpreis des DGB für seine Filmarbeiten ausgezeichnet.	37
1972	Berlin Halle a. d. S.	***Die neuen Leiden des jungen W.*** erscheinen in *Sinn und Form*. Zuvor mehrmals abgewiesen. Uraufführung einer Bühnenfassung, die in der DDR-Presse heftig diskutiert wird.[4]	38
1973	Berlin; München	Erscheinen der *neuen Leiden* als Roman. – Aufführungen des Bühnenstückes in West-Deutschland, Liechtenstein, Österreich und in der Schweiz. – Ulrich Plenzdorf wird mit dem Heinrich-Mann-Preis ausgezeichnet. *Die Legende von Paul und Paula* (Filmdrehbuch)	39
1974	München; Mainz	In einer Koproduktion richten der Bayerische und der Hessische Rundfunk die *neuen Leiden* als Hörspielfassung ein.	40
1976		Fernsehfassung der *neuen Leiden*.	42

4 Das Stück, mit dem das Publikum zunächst konfrontiert wurde, ist kompakter angelegt als der Roman. Manche Episoden bleiben dort ausgespart, dennoch ist die Aussage des Stückes nicht weniger deutlich.

Jahr	Ort	Ereignis	Alter
1978	Klagenfurt	Ulrich Plenzdorf wird mit dem Ingeborg-Bachmann-Preis ausgezeichnet.	44
1981		*Legende vom Glück ohne Ende*	47
1984	Lesereisen durch West-Deutschland	*kein runter kein fern*	50
1990		*Zeit der Wölfe – Ein Tag, länger als ein Leben*	56
1992		U. Plenzdorf wird Drehbuchautor für die ARD-Serie *Liebling Kreuzberg*	58
1997		Er unterzeichnet als einer der vielen Prominenten die „Erfurter Verträge"[5]; Drehbuch zum Film „Abgehauen" nach der Autobiografie des bekannten und beliebten Schauspielers Manfred Krug	63
1999		*Eins und eins ist uneins*	65
2001	Berlin; Oderbruch	Plenzdorf wohnt wahlweise in der Großstadt und auf dem Lande	67

5 Aufruf der Links-Parteien „Bündnis 90/Die Grünen" gegen die Regierung Kohl.

1.2 Zeitgeschichtlicher Hintergrund [6]

Nach 45 Jahren bewegter „Vergangenheitsbewältigung" sind seit dem 3. Oktober 1990 die beiden souveränen deutschen Staaten, die Bundesrepublik und die ehemalige DDR, wieder vereint. Die Biografie Plenzdorfs und der hier erläuterte Roman fallen in die Zeit schwieriger Ost-West-Politik, die sich erst allmählich entkrampfte. Niemand hätte 1972 daran gedacht, dass eine Wiedervereinigung so rasch erfolgen könnte. Der Leser hält mit einigem Erstaunen etwas in seinen Händen, was eigentlich „Schnee von gestern" ist.
Plenzdorfs *Neue Leiden* entstanden in jenem Staat, der sich demokratisch nannte, dessen Volk aber diktatorisch regiert wurde. Alle Macht lag bei der Partei, der SED, lag in den Händen der Funktionäre unter wechselnder Führung (Ulbricht, Honecker). Der einfache Mensch übte sich in der Kunst des Überlebens, und der „schwarze Markt" wurde zur permanenten Nachkriegsidylle.[7] Ein bisschen mehr Wohlstand, ein bisschen mehr Glück – danach strebten die Menschen der ehemaligen DDR. Viele wagten die Flucht in den „goldenen Westen", manche erreichten ihr Ziel nicht.
Noch am 6. Oktober 1989, während einer Festveranstaltung zum 40. Jahrestag der Gründung der „DDR", beschwor Erich Honecker die Menschen und versicherte, ihr Staat sei ein „Vorposten des Friedens" in Europa. Doch solche Parolen waren längst durchschaut; dort tönte ein Ewig-Gestriger, der vielleicht als Einziger glaubte, was er versprach. Die Menschen, an die er sich wandte, wussten es längst besser.
Vieles aus der jüngeren deutschen Geschichte ist vergessen worden, anderes wird rasch in Vergessenheit geraten (kön-

6 vgl. Informationen zur politischen Bildung (231). *Geschichte der DDR*, besonders die Seiten 41–47.

7 Sehr plastisch W. Filmer/H. Schwan, *Alltag im anderen Deutschland*.

nen); zu rasch erleben wir den Wechsel weltaufrüttelnder Ereignisse von einem Tag zum anderen. In der Schule bleibt oft wenig Zeit, die Gegenwartsgeschichte nach 1945 intensiv genug aufzuarbeiten, wie gesagt: Der Alltag macht schnell vergessen.

Nach 1949 war die Deutschlandpolitik der Staatsführung in der ehemaligen DDR darauf erpicht, den Machtbereich der kommunistischen Herrschaft und Gesellschaftsstruktur auszuweiten. In enger Absprache mit den Machthabern in Moskau führte W. Ulbricht als Generalsekretär der SED diese Politik rücksichtslos durch. Mit starker Propaganda, gestützt auf eine Vielzahl kleiner und großer Organisationen, z. B. FDGB[8], suchte Ulbricht in Westdeutschland die Menschen für seine politischen Ziele („demokratisches Deutschland") zu gewinnen. Die Bundesregierung bezog eine klare Gegenposition und machte dem Westen unmissverständlich ihre Loyalität klar. Die KPD verlor in Westdeutschland bis 1953 ihre Mandate im Bundestag, da sie die 5-Prozent-Hürde nicht nehmen konnte. Moskau rügte Ulbrichts allzu forsches Vorgehen und legte ihm Mäßigung nahe. Die Quittung der Menschen erfuhr er 1953 im Berliner Juni-Aufstand. Sein Rücktritt und „mehr Demokratie" wurden gefordert. Trotz der Schelte aus Moskau bekam er die notwendige Rückendeckung, um die 1949 formulierten Ziele zu verfolgen und die Geschicke seines Staates weiterhin zu lenken.

Im Westen nicht mehr glaubwürdig, wurde die DDR in den Ostblock voll integriert (wirtschaftlich und militärisch). Mit dem Mauerbau 1961 stellte die Partei/Staatsführung eindeutig nach außen und innen klar, was durch die „staatssichernden

8 FDGB: Freier Deutscher Gewerkschaftsbund. – Noch während des Krieges war (illegal) die erste deutsche Gewerkschaftsgründung erfolgt (Aachen 1944). 1945 anerkannt, wurde dieser parteipolitisch neutrale „Zentralverband von Arbeitern, Angestellten und Beamten" (Chr. Kleßmann, S. 127) zum Modell für alle weiteren Gewerkschaftsgründungen.

Maßnahmen" 1952 an der Zonengrenze bereits deutlich sichtbar geworden war: Ein Staat schloss sich und seine Menschen ab. Deutsche konnten nicht zu Deutschen. Ein nahezu undurchdringlicher bürokratischer Sperrriegel kasernierte einen Teil des deutschen Volkes, das sein Leben nicht auf die erhofften demokratischen Grundlagen stellen durfte.
Was 1961 mit Gewalt verhindert wurde, nämlich „das Bekenntnis mit den Füßen", vollzog sich unter dramatischen Formen und mit einer unglaublichen Geschwindigkeit 30 Jahre später erneut, diesmal unaufhaltsam und erfolgreich: Das Volk der DDR setzte seinen Anspruch auf „mehr Freiheit" endgültig gegenüber einem maroden Staatsapparat durch und erzwang sich den Durchbruch zum Westen. Eine in der Geschichte einmalige friedliche Revolution hat ein politisches Regime gestürzt, das weder glaubwürdig noch innovationsfähig gewesen ist. – Doch welch ein langer, beschwerlicher Weg dahin, ein Stück bewegender deutscher, europäischer und global beunruhigender Geschichte:

Nach der „Stunde null"

1945 Der alliierte Kontrollrat beschließt:

- die Entwaffnung und Entmilitarisierung Deutschlands;
- die Entnazifizierung und „Umerziehung"[9] der Deutschen;
- die Auflösung von Konzernen, die kriegswichtige Materialien produziert haben/neu produzieren könnten;

9 auch „re-education policy" genannt: Westdeutschland lernt die Grundlagen für den Aufbau eines freiheitlichen Rechtsstaates unter amerikanischer, britischer und französischer Kontrolle. – Vgl. Literatur

	– grundsätzliches Verbot zur Herstellung von kriegstauglichen Materialien; Die Kriegsverbrecherprozesse finden statt.[10]
1948	Deutsche Währungsreform
1949	Vorläufiges Grundgesetz der Bundesrepublik Deutschland

Parallel dazu vollzog sich in den östlichen Besatzungsgebieten Ähnliches:

1945	– Beschlagnahme aller Besitzungen und Gelder in Ostdeutschland durch die sowjetische Besatzermacht;
1949	– Verfassung der Deutschen Demokratischen Republik
1952	– Die fünf Länder der DDR werden in 14 Bezirke gegliedert
1948	Die **Berliner Blockade** wird zu einem Weltereignis: Luftbrücke nach Berlin (West), um die Bevölkerung mit dem Notwendigsten zu versorgen;
1953	Die Welt blickt abermals auf Berlin (Ost): Aufstand vom **17. Juni**

10 in die Geschichte eingegangen als „Nürnberger Prozesse“.

Annäherungen

1955	Die Bundesrepublik tritt der Nato[11] bei; die DDR wird Mitglied des WARSCHAUER PAKTS;
1961	Berlin steht wiederum im Mittelpunkt des europäischen Interesses: **Bau der Mauer (13. August)** Schießbefehl an der Mauer;
1964	DDR-Rentner erhalten Besuchserlaubnis
1968	Visumszwang; erhöhter Zwangsumtausch;
1970	Brandt in Erfurt-Stoph in Kassel; Ostverträge;
1971	Transitabkommen
1973	**Bundesrepublik** und **DDR** in der UNO;
1981	Schmidt besucht die DDR[12]
1984	Abbau der Selbstschussanlagen – Wirtschaftskredite
1987	Honecker zu Besuch in der Bundesrepublik;
1989	**Flucht aus der DDR; Öffnung der Grenzen.**

Die dramatischen Ereignisse können datenmäßig nicht annähernd abgeleuchtet werden. Hinter jedem und in allen anderen Tagesereignissen, die hier gar nicht erwähnt werden, liegen zahllose „Ereignisse am Rande" und Entscheidungen von ungeheurer Tragweite.

11 NATO – North Atlantic Treaty Organisation.

12 Das Jahr 1981 war für den damaligen Bundeskanzler H. Schmidt politisch wie menschlich ein Jahr bedeutender Ereignisse und Entscheidungen: Die brüchig gewordene sozialliberale Koalition zerfiel; H. Schmidt musste sich einen Herzschrittmacher einsetzen lassen; es war der Beginn seines Rückzuges aus der großen Politik.

Der Weg zur Einheit

1989

11.09. **Tausende von DDR-Bürgern** nutzen die Ausreisewege in den Westen, als **Ungarn** seine Grenzen nach Österreich öffnet;

30.09. Ausreise von DDR-Bürgern aus Prag und Warschau, die sich dort in den Botschaften der Bundesrepublik geflüchtet hatten;

07.10. Fest zum 40-jährigen Bestehen der DDR;

09.10. Demonstrationen in Leipzig und in anderen Städten gegen die Regierung;

18.10. **Honecker tritt zurück;**

09.11. Die Mauer wird geöffnet;

24.12. „Normalisierung" für Reisende: Visumspflicht und Zwangsumtausch werden aufgehoben;

1990

18.03. **Erste freie Wahlen in der DDR;**

01.07. Einführung der DM in der DDR;

23.08. Beschluss der Volkskammer über den Beitritt der DDR zur Bundesrepublik;

12.09. „Zwei plus Vier-Gespräche", Anerkennung der vollen Souveränität Deutschlands;

03.10.	**Der Beitritt ist in Kraft getreten – Die Bundesrepublik hat 5 neue Bundesländer** (Mecklenburg-Vorpommern, Sachsen, Sachsen-Anhalt, Thüringen, Brandenburg);
02.12.	**Erste gesamtdeutsche BUNDESTAGSWAHLEN.**

Zwischen 1949 und 1961 verließen Hunderttausende die damalige DDR. Fünf Motivbündel werden als Erklärungen für die Massenflucht jener Jahre angeführt: Gewissensnotstände – Verweigerung des Einzelnen gegenüber Staat und Partei – aktiver Widerstand gegen das Regime – wirtschaftliche Gründe – persönliche Gründe, die zumeist eng mit den übrigen verknüpft waren.[13] Das Jahr 1953 („Berlin-Aufstand") erlebte die größte Fluchtbewegung. Es wurden 331.390 Flüchtlinge registriert. Die etwa bis zur Mitte der 50er Jahre starke Abwanderung nahm nach 1957 deutlich ab und erreichte mit dem Bau der Berliner Mauer (1961) ihren Tiefststand.

13 Informationen zur politischen Bildung (231), S. 61.

1.3 Angaben und Erläuterungen zu wesentlichen Werken

Im Jahre 1953, dem Jahr des Berlin-Aufstandes, war Plenzdorf knapp zwanzig Jahre alt; knapp vierzig, als die *Neuen Leiden* erschienen. Heute ist der Autor 68 Jahre alt, ein gesetztes Alter, fürwahr, jedoch nicht unbedingt eines, bei dem man anfangen müsste zu schweigen; schon gar nicht, wenn man Ulrich Plenzdorf heißt.
Diese Lebensspanne bedeutet für Plenzdorf nicht zuletzt ein ganzes Leben intensivster Begegnung und Auseinandersetzung mit dem politischen und kulturellen Alltag der (ehemaligen) DDR, bedeutet eine Vielzahl großer Ereignisse im Alltag seines Staates auf dem langen Weg bis zur Öffnung der Mauer und schließlich bis zur Wiedervereinigung am 3. Oktober 1990. Am Rande ereigneten sich die „kleinen" Dinge, die nur diejenigen etwas angingen, die betroffen waren. Ulrich Plenzdorf aber war einer, der immer betroffen war, der genau hinhörte und hinsah, auch wenn es nicht um ihn selber ging.
Ulrich Plenzdorf ist sich als Mensch und als Autor treu geblieben. Dies bekundet er stets sehr eindrucksvoll in seinen öffentlichen Auftritten, bei denen es mit ihm gelegentlich durchging, wenn er aus der zehn Jahre nach *Die neuen Leiden* erschienenen Erzählung *kein runter kein fern* las. Der Text und das Auftreten des Autors verfehlen ihre Wirkung beim Publikum nie.

lebendige und intensive Auseinandersetzung mit der Zeit, Gesellschaft und Geschichte

Die Erzählung *kein runter kein fern* entstand 1973, in unmittelbarer Nähe zu dem populären Roman. Zu dieser Erzählung hat der Autor eine ganz besondere Beziehung. Sie spielt (auch) in Berlin und verdeutlicht sehr eindringlich das Fluidum die-

ser Stadt in einem Lebensausschnitt des Sonderschülers Fleischmann, das private und öffentliche Klima in diesem „melting pot" von Kulturen und Subkulturen aller Art und Ausprägungen, von Schicksalen und den kleinen Schrecken des Lebens, die oftmals die größten sind.
Zeit: der 20. Geburtstag der DDR, also 1969. In Westdeutschland politisch motivierte Unruhen von „links" (die „wilden 68er" ziehen Wellen nach sich); provoziertes Chaos, wo immer Demonstranten in Erscheinung treten. Wende nach links? Willy Brandt wird Bundeskanzler (1969) in einer sozial-liberalen Koalitionsregierung. Beginn der Entspannungspolitik nach Osten, der Anfang einer Öffnungs- und Versöhnungspolitik zwischen West und Ost, die „Stunde null" einer neuen geschichtlichen Ära in Europa, die, wie wir heute wissen, zur Auflösung der Ost-West-Blockbildung führte.
Auf der anderen Seite demonstriert die SED Stärke und preist den allein selig machenden Sozialismus. Schmetternde Musiken, Aufmärsche und gewaltige Erbauungs- und Erneuerungsparolen, vom Rundfunk übertragen („Und da beginnt mit hellem Marschrhythmus ..." – S. 9), hinreichend oft gehört, und jetzt – aus dem Abstand der Ereignisse betrachtet – noch lächerlicher, als sie vielen schon damals vorkamen.
Aber auch der kleine Fleischmann hat seine Parolen, seine Leitmotive, die ihn an eine andere Wirklichkeit binden, an die „schdons", die Londoner Beat-Gruppe, die den Stoff haben, aus dem seine Träume sind. Seine Leit- und Leidformel ist **EIKENGETTOSETTISFEKSCHON** (S. 8, 9, 29, 31 ...). Der berühmte Titel der „Rolling Stones" ist unmissverständlich und provokativ (*I can´t get no satisfaction ...*), aber der kleine Sonderschüler versteht ihn mit seinen Ohren und seinen Sinnen, und in seinem Verstehen nistet sich „... Getto ..." ein. Plenzdorfs raffinierte Umschöpfung des Wortes wird zur

Standortbeschreibung der Menschen in der DDR, und Fleischmann ist einer von ihnen.

kein runter kein fern: Sonderschüler Fleischmann ist an die Grenzen der Freiheit gestoßen

Der Junge, um den es in der Erzählung geht, befindet sich in einem privaten, gesellschaftlichen und politischen Getto, aus dem kein Weg herauszuführen scheint. So ergreift er die Flucht. Ganz ähnlich wie Edgar Wibeau macht er sich auf und davon, um – gegen alle Verbote – seinem Idol, dem großen „Mick", nahe zu sein. Als er in einen Demonstrationszug gerät, gibt es für ihn ein schlimmes Erwachen.

„Power to the people" (S. 46/48) – das sollte erst 20 Jahre später Wirklichkeit werden. Hier sind es noch Wünsche und Fiktionen. Was sich im Bewusstseinsstrom des Sonderschülers entlädt, erweist sich als hoch konzentrierte und raffiniert komponierte Sprach-Collage des Autors, in der das scheinbar zufällige, in Wirklichkeit aber folgerichtig entwickelte Verhängnis seinen präzisen Lauf nimmt.

In dieser Erzählung, die sich vorwiegend aus Erinnerungen, Assoziationen, Wunschvorstellungen und sprachlichen Versatzelementen aufbaut, ist ein scharf profilierter Konflikt zwischen dem (geistig gestörten) Jungen und seiner Umgebung das beständige und alleinige Thema. Es ist existenziell spürbar und letztlich absolut hoffnungslos dargestellt. Bei Wibeau gibt es nahezu immer etwas zu lachen, in *kein runter kein fern* nimmt das Schicksal des Jungen beinahe traumatische Züge an, der Leser hat keine Chance, sich zu entziehen.

Plenzdorf ist ein engagierter Künstler, seit er 1963 als Bühnenarbeiter begann und später Filmautor wurde. Dieses Medium hat ihn nachhaltigst beunruhigt, in diesem Medium hat er seinen eigentlichen Wirkungsradius entfaltet.[14] Sein persönli-

14 vgl. Auflistung nachlesenswerter Titel unter 1.1

ches Verhältnis zur Filmbranche ist gelegentlich von den Kultur- und Polit-Oberen seines Staates empfindlich nachteilig beeinflusst worden, dennoch hat er sich stets darin behaupten können.
Ulrich Plenzdorf ist ein vielfach ausgezeichneter Schriftsteller[15], dessen enge Westkontakte, so ungern sie gesehen wurden, von den Offiziellen in der damaligen DDR doch geduldet werden mussten. Hier wie dort hat er immer seine Leser gehabt. Vielleicht hat man ihn schätzen gelernt, weil er trotz aller heftigen Kritik seinen Staat nie verraten hat. Auf die Frage, „warum er seinem Staat nun doch nicht den Rücken gekehrt habe", antwortete der Autor, der sich selbst von seiner Biografie und Tradition her als „rot bis in die Knochen" bezeichnete: „Einer muss ja noch da bleiben."[16]
Eine nachdenklich machende Antwort aus jenen Tagen, als so viele die Flucht ergriffen, jede Gelegenheit suchten, sich ihrem Staat zu entziehen. Betrachtet man Plenzdorfs Figuren in seinen Filmen, Erzählungen und Theaterstücken, dann gibt es kein langes Suchen nach ehrlichen Motiven für das Ausharren in einem Staat, der seinen Bürgern das Leben schwer genug machte: Plenzdorf trat ein für die Benachteiligten der Gesellschaft in seinem Lande, für Verbesserung ihres Alltags, für die individuellen Entfaltungsmöglichkeiten jedes Menschen (seine eigenen eingeschlossen). Kämpfen muss man, nicht davonlaufen! Diese Lebensmaxime gibt sich bei Ulrich Plenzdorf so selbstverständlich, so unpathetisch-humanitär, dass sie schlicht beschämte und immer wieder beschämen muss in Zeiten der großen Parolen um Freiheit und Menschlichkeit in der Welt.
Plenzdorf, der seinen Kampf mit seinem Staat nicht gesucht, aber für die Durchsetzung seiner Rechte vehement gefochten

---

15 Bemerkenswert ist, dass Plenzdorf bereits 1973 in der DDR mit dem „Heinrich-Mann-Preis" ausgezeichnet wurde.

16 U. Plenzdorf im Gespräch mit dem *SPIEGEL* am 14. Mai 1973.

hat, zeigte an seinem ganz persönlichen Beispiel, warum ihm letztlich sein Bleiben so viel wert gewesen ist: „Wenn man wie ich letztens drei Jahre braucht, um das Stück *Die Legende vom Glück ohne Ende*, nachdem es in der Hauptstadt in den Proben abgesetzt worden ist, auf die Bühne zu bringen, noch dazu in der Provinz, da lohnt es sich schon beinahe, drei Jahre Arbeit zu haben."[17] Für Plenzdorf hat es im Übrigen nie „Ost" oder „West" gegeben; seine Kunst ist für Menschen über Menschen von einem Menschen, der aus reinem Herzen die Nöte beweint und ihre Ursachen mit trotzigem Mut zu bekämpfen sucht.

Plenzdorf: allen Widerständen zum Trotz – aushalten; unbeugsam, aber einsam

In der *BASLER NATIONAL-ZEITUNG* erschien am 7. März 1975 ein sehr eindrucksvoller Artikel von P. Zeindler über seine „Begegnung mit dem DDR-Dramatiker Ulrich Plenzdorf." In diesem Artikel wurde Plenzdorf sehr „lebendig" vorgestellt, und wie nebenbei erhielten wir ein ganz wesentliches Stück Interpretation der *Neuen Leiden*. Der Leser erfuhr sehr viel über die Verflochtenheit Plenzdorfs mit den damaligen gesellschaftlichen, kulturellen und politischen Zuständen, ungeschminkt und ganz authentisch.[18]

Zum Schluss des Gespräches stellt Zeindler dem Leser die Frage (die nur rhetorisch gemeint sein kann), ob sich Plenzdorf nun mehr mit der Gesellschaft oder mehr mit dem Einzelnen identifizieren oder ob er sie gar beide unter einen Hut bringen möchte. Die Antwort kann nur lauten: beides, sonst wäre ein Mensch wie Plenzdorf damals sicherlich aus seinem Lande geflohen. Immer wieder und überall gibt es Probleme, an denen sich ein Mensch und ein Künstler wie Plenzdorf stößt. Herausforderungen, die dem Einzelnen oder der Gesellschaft

17 U. Plenzdorf in einem Gespräch mit dem *KÖLNER STADT-ANZEIGER* am 12. September 1985.
18 P. Zeindler in P. J. Brenner (Hrsg.), *Materialien*, S. 313–318.

gelten, stellen sich täglich, hier wie ehedem dort. Für Plenzdorf war und ist das erklärte Ziel, aufmerksam zu machen, Spielräume zu gewinnen, Luft zum freien Atmen zu schaffen. Das war für ihn in der damaligen DDR ein immerwährender Kraftakt, unternommen so lange, bis eine Gleichung zwischen Staat und Individuum aus der Sicht des Individuums aufging. – Dies mag Grund genug für Plenzdorf (gewesen) sein, dort zu bleiben, wo das Ziel in besonderer Weise einen Einsatz lohnt, dort zu bleiben, wo jeder kleine Erfolg zum doppelten Triumph des Erfolges wird – gegen den Apparat, für sich und für andere.
Auch Edgar Wibeau war auf dem Wege, ein Kämpfer zu werden. Bringen wir Plenzdorf noch einmal mit seinem Helden Wibeau und den anderen Getretenen und Geschlagenen in einem Zitat K.-H. Jacobs zur Deckung:

> *„Ein stolzer Mensch, der stolz ist auf seinen Stolz, wurde uns vorgeführt, der sich nicht anpasst, einer, der provokatorisch nordamerikanische Beinkleider bedichtet, einer (...), der doch ein zarter Charakter ist und zutiefst verletzlich."*[19]

Ulrich Plenzdorf wurde in Berlin-Kreuzberg geboren, und Berlin ist nach wie vor die Stadt seiner Träume, auch seiner Schreckensvisionen, des Elends und der kleinen Probleme, die „vor der Haustür"[20] liegen.

---

19 K.-H. Jacobs in P. J. Brenner, S. 235.

20 U. Plenzdorf wörtlich in seinem Gespräch mit dem *KÖLNER STADT-ANZEIGER* am 12. September 1985: „... wo man in nuce die Probleme vor der Haustür hat".

2. Textanalyse und -interpretation

2.1 Entstehung und Quellen

Die neuen Leiden entstanden in einer Zeit beträchtlicher (kultur-)politischer Umwälzungen in der damaligen DDR. Zu den zentralen Daten werden die Jahre 1959 (Erste Bitterfelder Konferenz), 1964 (Zweite Bitterfelder Konferenz) und 1971 (VIII. Parteitag der SED) gerechnet, soweit das Entstehungsumfeld der Erzählung *Die neuen Leiden* angesprochen wird.[21]

Die so genannte „Erste Bitterfelder Konferenz" hatte die Rolle des Schriftstellers in der DDR neu definiert. Er sollte nahe den Werktätigen sein, sich als einer unter ihnen fühlen, und sie sollten lernen, selbst zu schreiben, ihre Arbeitswelt darzustellen.[22] Die realistische Beschreibung der Arbeitswelt war das Ziel, an dem die Menschen lernen und sich selbst interpretieren können sollten: der Schriftsteller als Vorbild und Vorläufer in einer Art ästhetischer Kommunikation im Sinne des Sozialismus, die auf die Formel „sozialistischer Realismus" gebracht wurde.[23]

Auf der „Zweiten Bitterfelder Konferenz" wurde die rückliegende Tendenz der Standortbestimmung des sozialistischen Schriftstellers einschließlich der Ergebnisse heftig kritisiert. – Erneut wurde seine Rolle definiert: Dieses Mal sollte er seinen

---

21 nach P. J. Brenners Materialienband bei Suhrkamp, der die vollständige Quellensammlung zu den *Neuen Leiden* enthält.

22 vgl. auch kritische und theoretische Reflexion der „Arbeiterliteratur" von J. W. Goette (Hrsg.) mit Texten und Materialien. – Sie fand nach 1968 auch mehr und mehr Eingang in bundesdeutsche Lesebücher.

23 Als wesentliche Merkmale des „soz. Realismus" werden erkannt: Parteilichkeit – Volkstümlichkeit – positiver Held. Vgl. Chr. Fabig-Schmager, *Unterrichtsprotokoll mit Materialien zu H. Kants Roman Die Aula*, in: Literatur der DDR (Landesinstitut für schulpädagogische Bildung).

Standort „außerhalb" und „oberhalb" haben, souverän und überlegen und keiner Reglementierung unterworfen sein.[24] Auf dem VIII. Parteitag schließlich, im Zuge weiterer Liberalisierung und allgemeiner Verbesserungen der Kulturszene, wurden dem Schriftsteller sogar solche Freiheiten zugestanden, die ihm erlaubten, seinen eigenen Staat direkter und ehrlicher anzugehen, als dies vorher möglich war. *Die neuen Leiden des jungen W.*, die zunächst in der Schublade liegen bleiben mussten, hatten ihre Chance erhalten. Plenzdorf nahm sich die Freiheiten, unverblümt und voll, jedoch ohne jede Bissigkeit und platte Aggressivität, mit der manche Kollegen zu Werke gingen.[25]

verordnete Freiheiten für die Autoren der damaligen DDR

In einer frühen Stellungnahme zu seinem Roman *Die neuen Leiden* hatte Plenzdorf zum Entstehungshintergrund das Folgende gesagt:

> *„Ansonsten kann ich zur Geschichte der Geschichte nur soviel sagen, dass außer dem* Werther *und einem Zeitungsartikel, vielmehr: einem Satz daraus (des Sinnes, dass eine Brigade mit einem ihrer jungen Mitglieder nicht zurechtkam), die Hauptrol-*

---

24 In der Kunst und Literatur dürfe es „keine Tabus mehr geben", weder inhaltliche noch ästhetische, hatte E. Honecker eindringlich gefordert. – Vgl. P. J. Brenner, S. 20.
Das führte auf dem 7. Schriftstellerkongress 1973 zur Forderung, mit der eigenen geschichtlichen Vergangenheit gründlich aufzuräumen, dort vorhandene Tabus abzutragen. – Es werden Romane geschrieben, wie *Der Aufenthalt* (H. Kant) oder *Kindheitsmuster* (Chr. Wolf). Mit dem Begriff der „subjektiven Authentizität" umschreiben H. P. Franke u. a. in ihrem Beitrag zur Geschichte der deutschen Literatur diese erneute Enttabuisierung in der DDR-Literatur nach 1971.

25 Überall in der ehemaligen DDR hat es schon solche „Edgars" gegeben, die kein Blatt vor den Mund genommen haben, weder in Betrieben noch in Schulen, weder in Cafés noch im eigenen Wohnzimmer, weder auf dem Fußballplatz noch in den Laubenkolonien, obwohl die Denunzianten nicht weit waren. – Einer der ganz jungen Literaten jener Jahre, Uwe Kolbe (*1957), geht sehr kritisch mit seiner Obrigkeit ins Gericht, wenn er u. a. schreibt: „... Eure Maße sind elend, euren Forderungen genügen Schleimer ..." – In: W. Filmer/H. Schwan, S. 224. – Man muss den Mut (nachträglich) bewundern, mit dem hier ein Autor seinen Staat attackiert, sich ihm ausliefert, und man kann nur versuchen, den angestauten Frust des jungen Dichters nachzuempfinden, der aus seinen Worten spricht.

le äußerer Druck gespielt hat, will sagen, mehrere Jahre, in denen ich nie ganz das machen konnte, was ich wollte, und ebenso wiederholte Zurückweisungen des Stoffes."[26]

Parallel dazu eine weitere Äußerung Plenzdorfs, die Zeindler in seinem Artikel zitiert: „... *Die neuen Leiden* sind in einer Zeit geschrieben worden, in der der Text für mich ganz wichtig war, wo er mir erlaubte, meine Identität wiederzufinden, von der ich glaubte, dass ich im Begriff war, sie zu verlieren."[27] Plenzdorfs Prosafassung seiner in Drehbuchmanier geschriebenen *story* um Edgar Wibeau wurde in den Siebzigern sofort zum Kultbuch der jungen Generation diesseits und jenseits der Mauer. Plenzdorfs Schreibprogramm gewann hier erstmals eine konzeptionelle Ausformung: die Fokussierung seiner Sympathie auf „Anti-Helden", die die Welt verändern wollen, aber an den Verhältnissen scheitern. Das Buch war auch international sehr erfolgreich. 1980 lag es bereits in mehr als einem Dutzend Übersetzungen vor.

26 U. Plenzdorf in einer Diskussion 1973. In: P. J. Brenner, S. 178.
27 U. Plenzdorf zitiert bei P. Zeindler. In: P. J. Brenner, S. 313–314.

2.2 Inhaltsangabe

„In den *Neuen Leiden* endet der 17-jährige Lehrling W. auf tragische Weise, und in nahezu detektivischer Recherche werden postum die Zusammenhänge um seinen Tod nachinszeniert, wobei W. die Chance erhält, sein Scheitern teils selbstkritisch darzustellen. Seine Schuld: in rebellischer, pubertärer Hybris, die sich mit dem obligaten ‚Erziehungsheim' einer dominierenden Gesellschaft nicht abfinden möchte, stößt W. allenthalben auf Gebote, die das Individuelle oder gar Originäre strangulieren. So landet er auf dem ‚Abraum' der Gesellschaft, in einer Abrissbude. Dort stößt er auf dem Abtritt auf einen merkwürdigen ‚Schmöker' und gerät ganz in dessen Sog. Und je mehr er sich ins Klo-Papier hineinliest, um so mehr gerät ihm sein eigenes Schicksal zum Abbild. Er holt nach genau zweihundert Jahren also de facto nach, worin ihm sein ‚Old-Werther' vorangegangen ist: im Scheitern eines Genies, das zu den Zwängen seiner Zeit in schrillen Widerspruch geraten ist. So schafft Plenzdorf mittels spannender und künstlerisch verdichteter Fabel ein Gleichnis für die Unmöglichkeit einer Selbstverwirklichung oder gar Selbstbefreiung in einem doktrinären System. Und er verwendet dabei das damals in der DDR verpönte Mittel der Popkultur, wie sie in den fünfziger und sechziger Jahren von J. D. Salinger und anderen literaturfähig gemacht worden ist. Plenzdorf setzt sie protestierend der sterilen Offizialsprache entgegen."[28]

28 übernommen aus dem *Reclam Romanführer*, S. 824.

Stichwortartige Vergegenwärtigung der Handlung:

Seite	Geschehen/Einzelheiten/Personen/Jenseits-kommentare
7–8	Todesanzeigen
9–10	Gespräch zwischen Mutter und Vater Wibeau
10	**Edgars erster Jenseitskommentar (im Folgenden abgekürzt als KEd = Kommentar Edgars)**
11–16	E.s Mutter berichtet von dem „Komplott" in der Automatenhalle.
12 f.	**KEd**: Darstellung dieser Ereignisse aus E.s Sicht
16	Die Mutter räumt Versäumnisse und Erziehungsfehler ein.
16 f.	**KEd**: Kurzhinweise auf die weiteren Ereignisse (Anstreicher, Charlotte, Erfindung)
17–19	Willi und die Tonbänder, die E.s Vater nicht verstehen kann
19	**KEd**: Edgar erwähnt knapp das Reclamheft (Goethes ***Die Leiden des jungen Werther***).
19–20	Willi erzählt über E.s Betätigungen, besonders über das Malen, und über Reaktionen Edgars darüber, dass seine Mutter Post des Vaters an ihn unterschlagen hatte.
21	**KEd**: Bestätigung der Unterschlagung und Aussagen über seine Hassgefühle gegen den Vater
21–22	Willi kann keinen triftigen Grund für Edgars „Flucht" aus Mittenberg angeben.
22–23	**KEd**: Erklärungen Edgars (er wollte seiner Mutter Ärger ersparen und sein eigenes Leben führen)
23	Willi vermutet, dass Edgar nach Berlin gegangen sei, um Maler zu werden; an der Kunsthochschule sei er aber abgelehnt worden.

23–25	**KEd**: Bestätigung; Edgar nennt sich selbstironisch ein „verkanntes Genie".
25–26	Willi erzählt, dass er Edgar geraten habe, in Berlin zu bleiben und sich vorübergehend in der alten, leer stehenden Laube einzurichten.
26–28	**KEd**: Bekenntnis zu Jeans
28	Willi geht zurück nach Mittenberg.
28–43	**KEd: sehr ausführliche Schilderung der Lebensumstände in Berlin;** Bluejeans-Song (29/30), Freude an Büchern, besonders an Salinger (33); Goethes *Werther* (35); Erinnerungen an die Schulzeit (38 ff.)
43–85	Auf der Suche nach Erklärungen zum Tode seines Sohnes lernt Vater Wibeau auch Charlotte kennen (Charlie). Er erfährt Einzelheiten über ihre Beziehung zu seinem Sohn, die aus der Sicht der jungen Frau keine war; dennoch hatte sie etwas übrig für Edgar.
44–86	**KEd**: beständige „Einmischung" Edgars (44, 45, 46, 47, 48, 49, 50–51; 52–56; 57–63; 64–72; 73–84; 85, 86).– Er kommentiert: ihre erste Begegnung; Charlie „sitzt ihm Modell"; über die Kinder aus ihrem Kindergarten, die ihm dazu verhelfen, „an Charlie dranzubleiben" (64); Charlies Verlobter, Dieter (71–72); er findet ihn „ganz passabel" (77); in Dieters Wohnung; er erkennt, dass er bei Charlie „vorläufig nichts zu bestellen hat" (83); wiederholte Nachrichten von Willi (65; 83–84)
86–87	Der Brigadeleiter Addi kommt ins Spiel. Er sagt Edgars Vater, dass er eine hohe Meinung von dessen Sohn hätte, gesteht aber ein, dass er selber und die Brigade damals Edgar falsch eingeschätzt hätten.

86–95	**KEd**: Arbeit in der Maler-Brigade bei Addi; Edgars gespaltene Gefühle zu ihm; Bewunderung für Zaremba (89–95)
96	Edgar ist aus der Brigade geflogen, und Addi gibt zu, damit einen großen Fehler gemacht zu haben.
96–102	**KEd**: Einzelheiten über den Rauswurf und das Leben Edgars danach
102–103	Addi erinnert sich an einen Besuch Edgars bei dessen Vater.
103–109	**KEd**: Details dieses Besuchs beim Vater, dem sich Edgar aber nicht als Sohn zu erkennen gab; Rückzug in die Laube; über die Arbeit an dem „nebellosen Farbspritzgerät" (NFG);
110	Addi erzählt von einem Besuch der Brigade bei Edgar.
110–140	**KEd**: Einzelheiten dieses Besuchs und Wiedereinstellung als Fußbodenanstreicher in Addis Brigade (112); Wiederaufnahme des Kontakts zu Charlie und Dieter (115 ff.); Bootspartie mit Charlie (130–135); der Beinahe-Abriss der Laube (137–139); intensive Arbeit am NFG;
140–141	Addi berichtet, dass Edgar (wieder) nicht zur Arbeit gekommen war.
141–145	**KEd**: Edgar hat den Ehrgeiz, mit dem NFG groß herauszukommen und es „Addi auf den Tisch (zu) knallen" (142), um ihm zu beweisen, dass er doch etwas könne; er „besorgt" sich Material, um so schnell wie möglich fertig zu werden, ehe er die Laube endgültig verlassen muss; letzte Begegnung mit Zaremba (144); tödlicher Stromschlag (145).

146–147	Edgars Fehlen beunruhigt Addi und die Brigade. Sie kommen zu spät. – An Ort und Stelle sichert die Polizei bereits Spuren, um die Ursache von Edgars Tod aufzuklären.
147	**KEd.**: letzte Bilanz aus dem Jenseits
148	Abschließendes Gespräch zwischen Addi und Edgars Vater. Jeder macht sich seine Gedanken. Addi glaubt an einen Unfall.

2.3 Aufbau[29]

Der eigentlichen Erzählung der Ereignisse, die zum Tode des jungen Edgar Wibeau führten, sind mehrere Todesanzeigen vorangestellt:

Anzeige in der *Berliner Zeitung*
Anzeige in der *Volkswacht* (Frankfurt/O.)
Anzeige von **Else Wibeau**, Edgars Mutter

Es bauen sich sodann nacheinander und ineinander greifend drei Erzählebenen auf:

1. **Erzählebene:** Aus Gesprächen, die Edgars Vater mit verschiedenen Leuten führt (Edgars Mutter; Edgars bestem Freund Willi; Edgars Arbeitskollegen Addi und der Kindergärtnerin Charlie), macht er ein Bild von dem Vorgefallenen. Hier wird der Leser gezwungen, sich ständig auf eine neue Perspektive einzustellen.
2. **Erzählebene:** Wie „Querschüsse" fahren Edgars „Kommentare" ergänzend und korrigierend in die Dialoge hinein (S. 10 ff.).
3. **Erzählebene:** Es dominieren hier die von Edgar (in die 2. Erzählebene) eingebrachten *Werther*-Zitate. Sie erfüllen unterschiedliche Aufgaben.

29 vgl. dazu auch Bernd Matzkowski: *Wie interpretiere ich Novellen und Romane?* S. 49–67.

Es ergibt sich in diesem Roman keine absolute Übereinstimmung von jeweils erzählendem und erlebendem Ich, da die aufgearbeiteten und reflektierten Ereignisse teilweise beträchtlich in die Vergangenheit zurückführen. Die Zeitgestaltung in Plenzdorfs Roman ist komplizierter als die in Goethes *Werther*, in dem das Geschehene mit einigen Raffungen über ca. eineinhalb Jahre chronologisch entwickelt wird. Über ca. 3 Monate, von Edgars Eintreffen in Berlin bis zu seinem Tode, erstreckt sich in Plenzdorfs Roman das Kerngeschehen. Plenzdorf setzt dem Leser mit komplexen Zeitüberschneidungen, Vorausdeutungen und Rückblenden ein vielschichtiges Bild Edgar Wibeaus zusammen, wobei auch Momentaufnahmen aus teilweise weit zurückliegenden Lebensabschnitten des jungen Mannes gezeigt werden. Plenzdorfs Roman stellt sich insgesamt als ein Montage-Text dar, bei dem die ‚Film-Schule' des Autors nicht zu übersehen ist. Die Montage-Darstellung konzentriert sich auf Edgar Wibeau. Auch wenn die übrigen Charaktere weitgehend unausgeführt bleiben, so spielen sie im gesamten Personengefüge eine wichtige Rolle.

Drei Erzählebenen des Romans

Trotz seines dramaturgisch geschickten und anspruchsvollen Aufbaus wurde Plenzdorfs Roman im Vergleich mit anderen bahnbrechenden Romanerstlingen (Jerome D. Salinger's *The Catcher in the Rye*) die große künstlerische Qualität nicht zuerkannt. Dazu führt Fritz J. Raddatz differenziert aus:

„Allem zu Grunde liegt ein unnaives Literaturkonzept. Hier liegt die eigentliche Gegenposition zum Werther: Plenzdorf erzählt überhaupt nicht, er demonstriert, führt seinen Edgar Wibeau gegen Edgar Wibeau vor. Dieses Moment des Analytischen bestimmt den Duktus des Buches. Die literarischen Mittel entsprechen dem aufs genaueste – Notiz, Bericht, Interview,

innerer Monolog, Montage; lauter erzählerische Aufhaltsamkeiten ...".[30]

Mit einer Fülle an Brechungen der beschriebenen Art wird in sequenzartig angeordneten Situationen dennoch ein Handlungskontinuum sichtbar. Die Liebesbeziehung zwischen Edgar und Charlie bildet dessen Achse.
Wie eingangs bereits betont wurde, möchten wir die Rolle und Bedeutung der Alltagsrealität in der damaligen DDR, in der Edgars wenig konstante Beziehungen zu Menschen in seiner Umwelt vorgeführt werden, als Thema des Romans und als Motiv für sein Entstehen nicht übergehen:

- die Beziehung Edgars zu seinen Eltern.
- die Beziehung Edgars zu seinem besten Freund Willi.
- die Beziehung Edgars zu seinen Arbeitskollegen (Addi, Zaremba).
- die Beziehung Edgars zu Charlie und ihrem Verlobten Dieter.

Es ist bestimmend für die Personen, dass sie nicht auffallend in Erscheinung treten. Durch ihre eigenen Ausführungen zur Sache und durch Edgars persönliche Ansichten und Meinungen über sie gewinnen diese Personen ihre Kontur. Edgars Vater ist die einzige Hauptfigur, die neben Edgar selbst „lebendiger" wird. Nachdem er aus dem „Nichts" auftaucht, macht er sich mit intensivem Nachfragen auf die Suche. Er muss sich dabei Schuld und Versäumnisse eingestehen. Ohne Kontur bleibt Edgars Mutter.
Weil er Edgars Adressat der *Werther*-Tonbänder ist, wird auch Willi zu einer Zentralgestalt des Romans. Auf Grund seiner Erklärungen und Angaben kann sich Edgars Vater (und damit auch der Leser) ein differenziertes Bild von seinem Sohn machen.

30 Fritz J. Raddatz in: P. J. Brenner, *Materialien*, S. 304.

Die am plastischsten ausgeführten Nebenfiguren des Romans sind Addi und Zaremba. Für Edgar ist Zaremba ein Art Leitfigur.
In der „Entwicklung Edgars" kommt der Beziehung Edgar – Charlie – Dieter die größte Bedeutung zu. Den größten Romanteil nimmt deshalb dieses Dreiecksgefüge für sich ein.
Durch seine eigenen Eigenwilligkeiten wird Edgar selbst sehr lebendig charakterisiert. Der Leser erfährt sie aus dem Munde des jungen Mannes („Jenseits-Kommentare") oder durch Mitteilungen der übrigen Personen. Durch fünf „Attitüden" wird Edgar als eine in der Entwicklung befindliche Persönlichkeit stark in den Vordergrund gestellt. Er ist im Begriff, sich ein klar konturiertes Welt- und Menschenbild aufzubauen durch:

- seine Kleidung (S. 26 ff.)
- seine Hobbys (S. 26 ff.)
- seine Lektüren (S. 33 ff.)
- seine Sprache einschließlich der von ihm verwendeten *Werther*-Zitate (S. 56 ff.)
- seine von ihm vertretenen kritischen, jedoch keineswegs destruktiven gesellschaftspolitischen Ansichten (S. 80 ff.).

2.4 Personenkonstellation und Charakteristiken: Edgar Wibeau in seinem Beziehungsumfeld

Lore Lucas charakterisiert Edgar, wie er sich als Theaterfigur darbietet, als einen jungen Mann „voller Widersprüche, schüchtern und herausfordernd, sanft und aggressiv, geduldig und aufbrausend, scharfsinnig und töricht, ein Faulenzer und besessener Arbeiter, ein Träumer und Realist."[31] Ich finde diese Profilskizze sehr zutreffend, da sich in ihr exakt die innere Zerrissenheit des jungen Mannes gepaart mit einer reifen Lebensskepsis widerspiegelt, worin sich viele Gleichaltrige mit ihren Lebensproblemen erkennen können. Edgar ist eben mehr Götz als Werther, aber keinesfalls einer von beiden ganz und gar oder ganz allein. Bezogen auf den jugendlichen Leser sind folgende Fakten aus Edgars Leben zum Verhältnis seines Handelns wichtig, das seine „Doppelnatur" ihm auferlegt:

- Edgar ist ohne Vater groß geworden; seine Mutter hat ihren Sohn nie verstanden. So wendet er sich von seiner Mutter ab und sucht sein Vaterbild;
- er nimmt die erstbeste Gelegenheit wahr, sich aus der provinziellen Enge Mittenbergs zurückzuziehen, um sein eigenes Leben zu leben;
- in Berlin sieht sich Edgar bestätigt in dem, was er tut;
- die Begegnung mit einer Reihe von Menschen macht ihm aber auch seine eigenen Probleme deutlich;
- mehr noch als die Lektüre Salingers verhilft ihm Goethes *Werther*, seine Situation klar zu erkennen und seinen (Aus-) Weg eindeutig zu definieren;
- seine freigewählte Isolation hat das Ziel der Reintegration in die Gemeinschaft;

31 vgl. Lore Lucas, *Textsorte Drama*, S. 171.

- Edgar hat ein positives Lebensziel und hält fest an der individuellen Verwirklichung seines Lebensplanes.

Es ist nicht zu übersehen, dass die familiäre Situation ein wesentliches Motiv darstellt für Edgars „Flucht" in seine eigene Welt. Die Frage nach dem Schuldanteil der Eltern kann klar beantwortet werden, und hier wiegt der ehrgeizige Einsatz der Mutter schwerer als die Abwesenheit des Vaters (S. 21). Edgar hingegen liebt seine Mutter und erkennt auch seinen Teil des Versagens, der in seiner Bequemlichkeit und Anpassungsbereitschaft gelegen hat, durch die seine Mutter leichtes Spiel hatte, seinen Werdegang gemäß ihren Vorstellungen zu steuern. Sein Ausstieg kommt jedoch unvermittelt.
Der Vater hat die Familie verlassen, als Edgar fünf Jahre alt war, Edgar hat sein ungestümes und unberechenbares Temperament geerbt. – Hier der latent vorhandene Konflikt mit einer sehr dominanten Mutter, dort eine Art Hassliebe zu einem einzelgängerischen Vater, an den er sich kaum noch erinnern kann: Mit einiger Konsequenz mündet dieses Vakuum zu Abwehr und Abkehr des sensiblen Jungen von seinem Elternhaus.

Edgar Wibeau: meistens allein, von Wenigen verstanden

Edgar hat einen sehr vertrauten Freund, Willi, in Mittenberg zurückgelassen, und an ihn sind auch die Tonbandaufzeichnungen adressiert, die Aufschluss geben über seine Gedanken und Gefühle. – Daneben werden (vorübergehend) noch zwei Menschen wichtig für ihn. Einer ist der Erzkommunist Zaremba, den er beinahe auf eine Stufe stellt mit Goethe und Schiller (87); der andere Mensch ist Charlie (Charlotte), zu der Edgar eine sehr enge Beziehung aufbaut. Die Erinnerung Edgars an diese Beziehung nimmt im Roman auch den größten Raum ein (S. 43–139).

Charlie ist eine Kindergärtnerin und fest liiert mit Dieter, einem sehr strebsamen jungen Intellektuellen, dem Edgar nichts abgewinnen kann. Charlotte ist irritiert durch Edgars merkwürdig-intensiv-saloppe Art, ihr den Hof zu machen, und gibt schließlich seinem Werben nach. Daraufhin hat sie ein schlechtes Gewissen und trennt sich von Edgar. Dem kommt die Trennung nicht so ungelegen. Er kann sich wieder auf sich selbst und seine Erfindung konzentrieren (S. 135). Gegenüber Edgars Vater äußert sich Charlie freimütig über ihre gespaltenen Gefühle, die sie für den jungen Mann gehegt hatte (S. 44–48; 57; 64; 85). – In der Kritik kommt Charlie nicht gut weg, weder in der westlichen noch in der östlichen.[32] Zentral ist wohl, dass sie für Edgars Entwicklung eine ganz wichtige Rolle gespielt hat.[33] Durch sie macht er zwei grundlegende Erfahrungen:

1. Er stellt fest, dass er für eine feste Zweier-Beziehung noch nicht reif genug ist;
2. Er beginnt den *Werther* richtig zu verstehen und damit eine vertiefte Einsicht in seine eigene Vergangenheit zu gewinnen.

Edgar, so wird immer wieder deutlich, reflektiert seine eigene Situation in den so genannten „Jenseits-Kommentaren" ehrlich, selbstkritisch und mit einer gehörigen Portion Selbstironie. Dabei werden ihm die beiden Bücher *Die Leiden des jungen Werther* und *Der Fänger im Roggen*[34] nicht nur zu den wichtigsten Quellen der Inspiration, sondern auch zu Instrumenten der Welt- und Ich-Durchdringung. Zu beiden äußert er sich auf seine saloppe, lakonische Art, die viel über sein Inneres verrät, aber auch viel verbirgt.

---

32 M. Reich-Ranicki empfindet die Dreiecksgeschichte Dieter – Charlie – Edgar als „blass und schemenhaft", in der Dieter und vor allem die Kindergärtnerin „pure Schemen" sind. – M. Reich-Ranicki in P. J. Brenner, S. 265.

33 Der nicht weniger berühmte J. Kaiser attestiert Charlie gar eine Tendenz „zum sozialen Abgrund". – J. Kaiser in: P. J. Brenner, S. 297.

34 Nach einem Gedicht des schottischen Dichters Robert Burns *Coming through the Rye*; davon ausgehend der Titel des berühmten Salinger-Romans.

Plenzdorf/Wibeau[35]

über **Goethe**	über **Salinger**
„Dieser Werther hat sich wirklich nützliche Dinge aus den Fingern gesaugt." – „Langsam gewöhne ich mich an diesen Werther." – „Ich hätte nie im Leben gedacht, dass ich diesen Werther mal so begreifen würde." (*Die neuen Leiden*, S. 76)	„Dieser Salinger ist schon ein edler Kerl. Wie er da in diesem nassen New York rumkraucht und nicht nach Hause kann, weil er von dieser Schule abgehauen ist, wo sie ihn sowieso exen wollten, das ging mir immer ungeheuer an die Nieren. Wenn ich seine Adresse gewusst hätte, hätte ich ihm geschrieben, er soll zu uns rüberkommen." (*Die neuen Leiden*, S. 33)

35 übernommen aus R. Poppe (1999), S. 36.

Der auf dem Lauben-Klo gefundene *Werther* ist für Edgar die Lektüreerfahrung seines Lebens schlechthin. Zunächst ist das Heft nicht mehr als ein abfällig kommentierter Fund, gelegentlich zur Hand genommen, dann wieder in die Ecke geschossen (S. 35). Er weiß mit antiquierter Sprache nichts anzufangen und findet zunächst zur Botschaft des Briefromans überhaupt keinen Zugang. Schließlich aber wird der Schluss des Romans für ihn zum Schlüsselreiz für eine immer intensivere Auseinandersetzung. Er lernt ganze Passagen auswendig, und bald hat das vergriffene Büchlein für ihn die Qualität eines sehr persönlichen Besitzes angenommen. Nach und nach werden die Zitate ihm gar zur schärfsten Waffe, zu einer Pistole, die er gegen seine Gesprächspartner nach Belieben abfeuert, um sie zu schockieren (z. B. gegen Dieter, S. 82) oder um sie auf den Arm zu nehmen (Addi, S. 99). Nur Zaremba hält dem unbeeindruckt stand. Gegenüber Charlie schließlich verwendet Edgar die Zitate als Kontakt-Code, mehr noch zur punktuellen Beschreibung der eigenen Situation (S. 84), schließlich und endlich zur scharf abgrenzenden Bestimmung seines neu gewonnenen Standortes (S. 147). Aus dem ulkigen Werther ist der vertraute „Old Werther" geworden.
Die von Edgar verwendeten *Werther*-Zitate können mit F. J. Raddatz in zwei Gruppen eingeteilt werden, in solche, die im „analogischen Verlauf der Lebensumstände" Edgars vorkommen, und in jene vier gewichtigeren, die nicht als „dekoratives Beiwerk und rhetorische Applikation"[36] zu sehen sind. Bei den vier bedeutungsvollen Zitaten handelt es sich um jene auf den Seiten 19, 56, 75 und 76. Das auf S. 56 verwendete Zitat wird von Edgar auf der Seite 100 wiederholt („... es ist ein einförmig Ding um das Menschengeschlecht ..."). Im Zusammenwirken

36 vgl. F. J. Raddatz in P. J. Brenner, S. 306. – Die Zitate werden von Edgar oft so beiläufig vorgetragen, so dass man sie überliest, wenn man sich ihren inneren und äußeren Bedeutungskontext nicht sehr genau vor Augen führt.

mit den übrigen mehr oder weniger bedeutungsschwer verwendeten Zitaten wird es als Ausdruck fortgeschrittener Isolation und Entfremdung gewertet, als deren Folge letztlich nur noch Edgars Rückzug in sich selbst möglich erscheint.[37]

Edgars „Flucht nach innen" wirft uns als Leser auf Plenzdorfs Formel der „weiten Auslegbarkeit" seines Romans zurück, zwingt uns zu eigener Stellungnahme und eigener Deutung. Diese ist natürlich eng gekoppelt mit Edgars Tod, sei er ein Unfall, sei er absichtlich herbeigeführt. – Mit einem Nebengedanken möchte ich mich noch dem Verhältnis Plenzdorf – Goethe zuwenden, wie es sich in der Adaptation des älteren Textes darstellt. Es wird kein Zweifel daran gelassen, dass die eigenwillige und moderne Art der Adaptation sowohl dem älteren als auch dem jüngeren Text gut bekommen ist. Der ältere bleibt, was er war: Ein klassischer, sprich: zeitloser Text, der ein zeitloses Problem aus der Sicht eines jungen Künstlers in einer anderen Zeit und in einer anderen Gesellschaft thematisiert. Was Plenzdorf aus dem älteren Text herausgelesen und auf eine moderne Schiene gesetzt hat, zwingt uns als Leser – im Gleichklang mit Überlegungen zur Rolle des Salinger-Helden – zu neugieriger Bereitschaft, jeden der Texte als unabhängige und eigenständige Mitteilung ihrer Autoren zu verstehen, wobei das Motto gilt: Übereinstimmungen (des jüngsten mit den älteren) sind nicht zufällig und durchaus beabsichtigt.

Goethes *Werther* – Edgars Instrument zur Selbstergründung und seine Waffe gegen die Umwelt

Dennoch sind Weltverstehen, die Art der Daseinsbewältigung bzw. das Scheitern an der Welt von Goethes *Werther* anders

37 Dass eine Entfremdung stattgefunden hat, ist übereinstimmender Tenor aller maßgeblichen Untersuchungen, einerlei, wo und wann diese Entfremdung Wibeaus zur Gemeinschaft eingesetzt hat. – vgl. auch P. Wapnewski in P. J. Brenner, S. 334.

begründet als die seiner literarischen Nachfahren einschließlich des Holden Caulfield und des Edgar Wibeau.[38] Nun wird in der kritischen Literatur wiederholt, dass Edgars Geschichte ohne den Text Goethes, der sich eindringlich in den ausgewählten *Werther*-Zitaten manifestiert, „viel schneller wieder vergessen worden wäre."[39] – Mag sein, abgesehen davon, dass es einen Wibeau ohne *Werther* wahrscheinlich gar nicht gegeben hätte. Leid als gemeinsames Stichwort, sowohl von Goethes Briefroman als auch in *Die neuen Leiden* – daran kann festgehalten werden. Dieses Stichwort verweist uns noch einmal auf den zu Grunde liegenden Konflikt zwischen Subjektwelt und Objektwelt, den jeder auf ganz individuelle Weise erfährt. Was Werther und Edgar trotz der gemeinsamen Leidenserfahrungen an der Welt voneinander trennt, sind ihre unterschiedlichen psychischen Zustände. Werther ist krank, seelisch krank. Im Gegensatz zu Werther löst Edgar seine Selbstfindungsprobleme tätig, bewusst und „positiv denkend", wenn auch nur aus Trotz und verdecktem Ehrgeiz. Werther hingegen will sie gar nicht lösen, er erwartet, dass das die „Gesellschaft" für ihn tut. Das untätige Kreisen um das „leidende Ich" verhindert bei Werther Klarheit, Klärung und Distanz zu sich selbst. Edgar vergegenwärtigt sich, dass er den Leistungsaspekt in der Gesellschaft ebenso ablehnt wie den Gewohnheitsaspekt im Alltäglichen und zieht für sich daraus seine Konsequenz.

Werther – Wibeau:
Leiden an sich selbst und an der Welt; unglücklich in ihrem Dilettantismus und irrationalen Protest

Was sie wiederum in einigen Zügen ähnlich macht, ist ihr

38 Auf die sog. „Wertheriaden" gehe ich in diesem Erläuterungsband nicht näher ein. – Vgl. dazu Kap. 4 und die entsprechende Literatur.

39 Vgl. P. Beile in P. J. Brenner, S. 208.

Dilettantismus in der Kunst (Malerei), zu dem Edgar wenigstens noch seinen ironischen Abstand hat.[40] Zweifellos geht er auch unprofessionell an seinen großen Wurf heran; es fehlt ihm an Geduld und Erfahrung, die Idee erfolgreich umzusetzen. Ähnlich wie Werther flieht Edgar, wenn er sich gefordert sieht. Beide neigen dazu, ihr leidendes Ich nach außen zu tragen, sich bedauern zu lassen, ehe Edgar zu einer anderen Haltung findet. Dazu ist er bereit und vor allem auf Grund seiner anderen - gesünderen - Veranlagung auch fähig. Beizupflichten ist deshalb R. Weimann, mit dessen Kennzeichnung der Unterschiede ich dieses Teilkapitel auch beschließen möchte:

> *„Die Problematik des möglichen Verzichts auf höchste Ausbildung einiger seiner Fähigkeiten ... wird nicht aus dem utopischen Lebensanspruch des Werther, sondern im Spiegel der realen Möglichkeiten und Grenzen des Individuums in der sozialistischen Gesellschaft gestaltet."*[41]

Wie zuvor angedeutet, hat und sucht Wibeau seine Idole im Westen. Wer sich zum Westen hin orientiert, muss ein „Klassenfeind" sein. Dabei ist eine Hinwendung zu „blue jeans" und zu Salinger für viele andere Jugendliche in aller Welt, einerlei ob in Ost oder West, etwas ganz Normales, ein juveniles Interesse an jugendgerechter Kultur und ihren Ausdrucksformen. Edgar liebt seine „blue jeans", und auf Holden Caulfield lässt er nichts kommen. Er widersetzt sich trotzig dem Berufs- und Bildungsgehabe der „Etablierten" in seiner Umgebung, möchte im Aufbegehren gegen alles selbstverständlich auch alles ganz anders machen. Widerstand der Ju-

---

40 Ich empfehle dem Leser, der sich intensiver mit dem *Werther* befassen möchte, H. R. Vagets Interpretation. In: P. M. Lützeler/J. E. McLeod (Hrsg.), *Goethes Erzählwerk*, S. 37–72 . – Darin ist auch das Dilettantismus-Problem erörtert.

41 Vgl. R. Weimann, S. 167.

gend gegen die ältere Generation und ihre Errungenschaften, auch Werte, gehört zur Entwicklung. Worüber die Älteren sich ärgern, wird ihnen zur Waffe und zum Werkzeug von Widerstand und Provokation.
Für Edgar gewinnen die Attribute westlicher Kultur noch einen ganz eigenen Stellenwert. Dieser begründet sich aus der besonderen sozialen und psychologischen Situation, in der er sich befindet. Edgar entdeckt Goethe und Salinger als Bestätigung seiner Individualität, die er spürt, verwirklichen möchte, die aber durch die Verhältnisse behindert, ja, sogar zerstört wird. Die Begegnung mit dem „Westen" ist für ihn existenziell.

2.5 Sachliche und sprachliche Erläuterungen

VEB (S. 7/8):	Abkürzung für sog. VOLKSEIGENE BERTRIEBE in der damaligen DDR
FDJ (S. 7/8):	Freie deutsche Jugend: seit 1964 bestehende Jugendorganisation mit hohem sozialistischen Ethos im Alter von 14–25 Jahren; Schüler und Lehrlinge bildeten die stärkeren Gruppierungen der FDJ mit einem weit verbreiteten Organisationsgrad: 70–90% in Spitzenzeiten (1980)
Humbug (S. 10):	umgangsspr. Täuschung, Schwindel, Unsinn („das ist doch alles Humbug!")
Charme (S. 10):	franz. für Zauber; jemand strahlt einen unglaublichen Zauber aus; bezaubernd sein
Manufakturperiode (S. 13):	Zeit der in Handarbeit gefertigten Produkte bis zum Beginn der Industriellen Revolution (frühes 19. Jahrhundert)
Hugenottenname (S. 14):	Hugenotte: Protestant im alten Frankreich des 15. und 16. Jahrhunderts

Selbstkritik (S. 15):	sich selbst kritisieren; Kritik der eigenen Fehler, an der eigenen Person; sie wurde in der damaligen DDR geradezu zur Pflicht erhoben
Reclamheft (S. 19):	Leseheft aus dem bekannten Stuttgarter Verlag
ein Code (S. 19):	franz. Gesetzbuch, Telegraphen- u. Chiffreschlüssel; Verschlüsselung (geheimer) Nachrichten
DIN A 2 (S. 20):	urspr. Abk. f. Deutsche Industrie-Norm; nach DIN festgelegtes Papierformat
Miniröcke (S. 22):	bis zur Mitte des Oberschenkels reichender Rock
schwarze Pocken (S. 23):	durch ein Virus hervorgerufene (lebensbedrohliche) Infektionskrankheit mit Bläschenbildung; auch schwarze Blattern genannt
Rupfenjacke (S. 26):	grobes Jutegewebe, hauptsächl. für Wandbespannungen o. Säcke benutzt
Jumo (S. 26):	„junge Mode"
tiffig (S. 26):	billig, ärmlich

Händelsohn Bacholdy (S. 26):	Felix Mendelssohn Bartholdy, dt. Komponist (1809–1847); ob Edgar den Namen bewusst verballhornt oder ihn nicht besser kennt, geht aus dem Zusammenhang nicht hervor. Vermutlich hat er wirklich nur eine ungefähre Ahnung. Geistreiche Namenschöpfung aus den Musikernamen Händel, Bach und Mendelssohn-Bartholdy
Steher (S. 28):	Ausdruck der Anerkennung; jemand, auf den man sich verlassen kann; toller Kerl
Clou (S. 29):	Höhepunkt, Zugstück, Schlager („das war der Clou des Abends")
Satchmo (S. 30):	Louis Armstrong, amerikanischer Jazzmusiker und Trompeter („Uncle Satchmo"; 1901–1971)
Robinson Crusoe (S. 30):	engl. Abenteuerroman aus dem Jahr 1719 von Daniel Defoe (1659–1731)
Salinger (S. 33):	Jerome David Salinger, amerikanischer Schriftsteller, geb. 1919
ein paar Schellen (S. 36):	ein paar Maulschellen; Ohrfeigen

Thomas Münzer (S. 37):	religiös. und sozial-revolutionärer Widerstandskämpfer (1489–1525). Edgar irrt sich, wenn er ihn in der Zeit von Goethe und dessen *Werther* vermutet
Chaplin (S. 38):	Charlie Chaplin (Charles Spencer Chaplin) amerikanischer Filmschauspieler, in England geboren (1889–1977)
Sidney Poitier (S. 38):	bekannter amerikanischer Schauspieler
Agitator (S. 40):	lat. „agitare" – etwas bewegen; etwas in Bewegung bringen; politisch: Propaganda machen, um Mitläufer für die eigene (politische Idee) zu gewinnen
Brigade (S. 40):	hier: mehrere Arbeiter oder Angestellte bilden eine Arbeitstruppe
Brigadier (S. 40):	Leiter einer Brigade von Arbeitern oder Angestellten
fläzte mich (S. 47):	umgangssprachlich für sich hinlümmeln, rekeln
das schöne Fresko (S. 50):	Deckengemälde, in der Regel auf einen frisch gekalkten Untergrund aufgetragen

firnissen (S. 55):	Firnis, rasch trocknende Flüssigkeit, die z. B. auf Gemälde o. ä. aufgetragen wird, um diese gegen Umwelteinflüsse (u. a. Luftfeuchtigkeit) widerstandsfähig zu machen
Beat und Soul (S. 60):	Musikrichtungen in der 2. Hälfte des 20. Jahrhunderts
Kolchose (S. 64):	Bezeichnung für eine größere landwirtschaftliche Produktionsgenossenschaft in der Sowjetunion; in der ehemaligen DDR wurde sie LPG genannt
Salute, Eddie! (S. 65):	Sei gegrüßt, Eddie
popte es (S. 66):	Das haut dann nicht mehr hin; wahrscheinlich aus dem Englischen „to pop up" (auftauchen)
einen leichten Silberblick (S. 67):	(leicht) schielen
blödes Werther-Heft (S. 70):	Goethes Briefroman aus dem Jahr 1774
Perspektive (S. 75):	Blickwinkel, Blickrichtung
Proportionen (S. 75):	Größenverhältnis, entsprechendes Verhältnis, Ebenmaß

technischer k. o. (S. 76):	Abbruch eines Boxkampfes bei allzu großer Überlegenheit eines Kämpfers und/oder bei Gefährdung des technisch Unterlegenen, der durch „technischen knock out" den Kampf verliert
Charmebolzen (S. 77):	Charmeur, betont liebenswürdiger Mensch
Pazifist (S. 77):	Antikriegsanhänger
keine Vietnambilder (S. 77):	Anspielung auf den Vietnam-Krieg, der in allen Teilen der Welt Proteste auslöste. Dieser Krieg (1965–1973), von beiden Seiten unerbittlich geführt, ist als der „schmutzige Krieg" im kollektiven Gedächtnis der Menschen hängen geblieben
passabel (S. 77):	leidlich, annehmbar („das sieht ganz passabel aus")
Hygieneinspektion (S. 79):	Ironisierung von Dieters Akkuratesse; sein Zimmer ist so blitzblank, als wäre es gerade von dem Chef der „Sauberkeitspolizei" begutachtet worden

Old Goghs Sonnenblumen (S. 79):	Gemälde des niederländischen Malers Vincent van Gogh (1853–1890)
Marx (S. 80):	Karl Marx, dt. Sozialist (1818–1883)
Engels (S. 80):	Friedrich Engels, dt. Sozialist (1820–1895)
Lenin (S. 80):	Wladimir Iljitsch Lenin, Bolschewist und Staatsmann der UdSSR (1870–1924)
schnabulieren (S. 82):	umgangssprachlich: mit Behagen essen
Schiller (S. 87):	Friedrich Schiller, dt. Dichter (1759–1805)
Goethe (S. 87):	Johann Wolfgang Goethe, dt. Dichter (1749–1832)
Motto (S. 88):	Leitspruch, Wahlspruch
Glöckner von Notre-Dame (S. 89):	Der verwachsene Glöckner ist eine durch Film und Cartoons berühmt gewordene Figur aus dem historischen Roman *Notre Dame de Paris* (1831) des französischen Schriftstellers Victor Hugo (1802–1885)

Hammer und Sichel (S. 90)	Staatsemblem der ehemaligen Sowjet-Union
zwei Kojen (S. 90):	eingebautes schmales Bett oder Schlafkammer, zumeist auf Schiffen
Sozialisten (S. 92):	Anhänger des Sozialismus
so eine Schote (S: 93):	Masche
das Paneel (S. 95):	Holztäfelung
Pop-art (S. 95):	moderne Kunstrichtung aus den USA
Althochdeutsch (S. 99):	Edgar ordnet die auf ihn befremdlich wirkende Sprache des *Werther*-Heftes fälschlicherweise als „Althochdeutsch" ein, das tatsächlich aber viel älter ist. Goethes Deutsch ist bereits dem Neuhochdeutschen zugeordnet.
vergnatzt (S. 102):	eingeschnappt
pingelte (S. 104):	schlug ich eine Weile, hämmerte ich eine Weile
ein gelungenes Happening (S. 105):	engl. to happen: sich ereignen; künstlerische Veranstaltung unter Mitwirkung von Zuschauern

die Schrippen (S. 107):	berlinerisch für Brötchen
Pardon, Madame (S. 107):	franz.: Verzeihung (als Entschuldigung oder Bitte)
Tabula rasa (S. 108):	reinen Tisch machen, grundlegende Ordnung schaffen
Initiative (S. 110):	Entschlusskraft, Unternehmungsgeist, den ersten Schritt tun, für etwas die Initiative ergreifen
passé (S. 112):	franz.: vorüber, vorbei
Mormone (S. 115):	Mitglied einer nordamerikanischen Sekte, gegr. im 19. Jh.
Karree (S. 128):	Viereck, Rhombus, Quadrat; hier: ein paar Runden ums Viereck (Karree) laufen
Stipendium (S. 129):	Studienbeihilfe
Pelerine (S. 131):	weiter, ärmelloser Umhang
jumpen (S. 133):	engl. to jump: springen
über den Jordan (S. 135):	weg sein, umgangssprachlich: tot sein
Zet (S. 138):	Abkürzung für Zuchthaus

mulmig (S. 139):	bedenkliche, unsichere Lage oder Situation („mir ist ganz schön mulmig dabei")
den Jahresplan (S. 141):	die DDR hatte nach russischem Vorbild einen Jahresplan, d. h. im Voraus geplante und festgelegte Normen zu erfüllen
E-Motor (S. 141):	umlaufende Maschine, die elektrische Energie in mechanische Energie umwandelt; Elektro-Motor
VP (S. 146):	Volkspolizei
Statiker (S. 148):	die Statik: Lehre von den Kräften, die an nicht beweglichen Körpern auftreten; Statiker berechnen u. a. die Tragfähigkeit von Brücken, die Standfestigkeit von Gebäuden

2.6 Stil und Sprache

Exkurs: zu Holden Caulfield aus Salingers *Der Fänger im Roggen*[42]

Holden Caulfield (im weiteren H. C.) stammt aus New York, der Stadt, die er liebt und hasst. Seine Familie kann als gut situiert bezeichnet werden. Er hat keine besonders gute Beziehung zu seinen Eltern, entschieden heimisch fühlt er sich jedoch in New York, weil dort seine jüngere Schwester Phoebe lebt, der einzige Mensch, zu dem H. C. uneingeschränktes Vertrauen hat.
H. C. ist 16 Jahre alt, damit zweifellos unfertig in der Einschätzung der Gesellschaft und der in ihr zusammenwirkenden Kräfte. Doch ist er wach und kritisch und hat ein gutes Gespür für Recht und Unrecht, Echtheit und falschen Schein. Seine Maßstäbe sind kindlich-aufrichtig und klar, so wie sie auch von seiner Schwester gelebt werden. Daran misst er die anderen, schließlich auch sich selbst.
In der Erwachsenenwelt sieht er überall nur Selbstsucht und Besitzstreben, Verlogenheit und Überheblichkeit. Deshalb hat er auch zu seinem älteren Bruder D. B., einem arrivierten Schriftsteller in L. A., ein sehr gespaltenes Verhältnis. Anders zu seinem jüngeren, früh an Leukämie verstorbenen Bruder Allie, an den er eine liebende Erinnerung bewahrt.
Durch die Familie ist erkennbar ein Riss gegangen, unter dem auch Phoebe leidet, und so sucht H. C. mehr die Einsamkeit als die Erneuerung alter Bindungen (zur Familie), so glaubt er nicht mehr daran, dass er dauerhaft neue, vertrauensvolle Bindungen eingehen kann, nicht zuletzt auch deshalb nicht, weil alles um ihn herum „phoney" ist.[43]

---

42 gekürzt und verändert übernommen aus: R. Poppe: *J. D. S., Der Fänger im Roggen*, Hollfeld, 1990.

43 „phony" – „phoney" (amerk.): Slang-Ausdruck für „falsch", „unwahr", „unecht", „Fälschung", „Schein". – Im Deutschen anklingend: „rumtönen".

Auf der Suche nach sich selbst und in der Auseinandersetzung mit seiner wechselvollen Umgebung bewegt sich H. C. im Spannungsfeld mehrerer Konflikt- und Problemfelder, wie die Skizze verdeutlicht:[44]

44 übernommen aus Reiner Poppe (1999), S. 48.

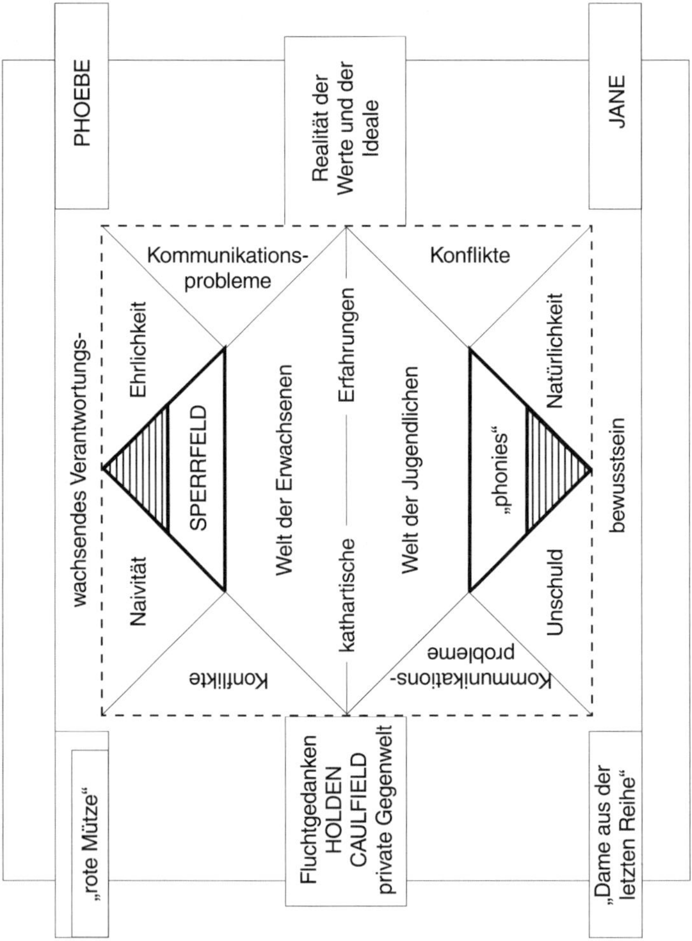
PHOEBE
Realität der Werte und der Ideale
JANE
Kommunikations-probleme
Konflikte
Ehrlichkeit
Natürlichkeit
wachsendes Verantwortungs-
bewusstsein
SPERRFELD
„phonies“
Welt der Erwachsenen
Erfahrungen
katharstische
Welt der Jugendlichen
Naivität
Unschuld
Konflikte
Kommunikations-probleme
„rote Mütze“
Fluchtgedanken HOLDEN CAULFIELD private Gegenwelt
„Dame aus der letzten Reihe“

Orte, Szenen und Episoden in H. C.s zielloser Wanderung durch New York wechseln rasch: drittklassige Hotels, Bars, Kinos, Nachtclubs, U-Bahn-Stationen, der Central Park u. a., zumeist anonyme Stätten, die ganz im Gegensatz stehen zur „heilen Welt", von der er träumt, und die Phoebe sich bewahrt (hat). In immer wiederkehrender Deutlichkeit kristallisiert sich aus der planlosen Suche und Fluchtbewegung, bei denen H. C. mit zahllosen sehr unterschiedlichen Menschen und Charakteren zu tun hat, ein Bild des Fallens heraus, vor dem er als *Catcher in the Rye* Kinder bewahren möchte. Darin werden Standorte und Zustände sichtbar gemacht, in denen H. C. sich innerlich befindet. Bemerkenswert ist dabei die Tatsache, dass H. C. nicht nur die Erwachsenenwelt ablehnt, sondern auch – mit einigen Ausnahmen – die Jugendlichen selbst, zu denen er gehört. Mit „phoney" charakterisiert er beide Gruppen bzw. Generationen, wobei er den Ausdruck mit einer beträchtlichen Spielbreite verwendet, die sowohl schärfste Ablehnung als auch „Duldung" enthält. –
„Phoney" ist allerdings für ihn der gesamte Alltag und kommerzialisierte Kunstbetrieb, wo es von Angebern und pathetischen Versagern nur so wimmelt. Noch verabscheuungswürdiger sind für ihn die Mitläufer und die Parasiten, ganz aber – sozusagen als Musterbeispiel – die Filmstadt Hollywood. Dort ist die Welt ohne Moral, ohne Spontaneität, die aus dem Herzen käme, ohne wirkliche Individualität, eine Welt der oberflächlichen Reize und Effekte. Aus einer solchen Welt zieht H. C. sich zurück und entwirft seine Gegenwelt. Dies geschieht nicht ohne Reibungsverluste, und H. C. muss für seine kämpferisch vertretenen Überzeugungen und Ideale eine Menge Niederlagen einstecken.[45] Aber er verfällt nicht in selbst zerstörerische Resignation. Kurz vor seinem psychischen Knockout windet er sich mit

45 Die Kapitel 6, 14, 19 und 24 des Romans sind dafür deutliche Belege.

der Hilfe seiner Schwester noch aus einem verzweifelten Stadium heraus. Holden Caulfield ist nicht bereit, sich der Welt, die ihm widerstrebt, zu unterwerfen, und er will auch nicht an einer solchen Welt zugrunde gehen. –
Holden Caulfields Sprache ist die Sprache der Jugend. Sie ist modernstes Alltags-Amerikanisch mit teilweise sehr modischen Sprachtrends. Auffällig sind die Abschweifungen und Kommentare, Verwendung von ungebrochenem Slang, sprachliche Neuschöpfungen und saloppe Verstöße gegen grammatische Regeln.

Analogien: Holden Caulfield und Edgar Wibeau: im Spannungsfeld mehrerer Konflikt- und Problemfelder

H. C. ist der Ich-Erzähler, der sich so ausdrückt, wie es seinem Wesen, seiner Situation und seinem Weltverständnis entspricht. Er hat eine andere, eine neue Sprache.

So auch Edgar Wibeau.
Edgar spricht den schnoddrigen Ton der „coolen" Jugendlichen (von gestern). Er ist einerseits sehr distanziert, andererseits ganz emotional, auf jeden Fall überaus eigenwillig. Es handelt sich um gesprochene Sprache, und als solche ist sie im Wesentlichen spontan. Edgar reflektiert nüchtern und selbstironisch die eigene Situation.
Es war die Sprache der *neuen Leiden*, die von Beginn an die Aufmerksamkeit der Kritik auf sich zog, positive wie negative. W. Kohlhaase vermutete in einer früheren Diskussion (richtig), dass Plenzdorf in seinem Roman durch die Jargonverwendung „hinter den Sprechweisen den Denkweisen" auf der Spur wäre[46] und mit seinem Roman hinreichend Anlass böte, nicht diesen kritisch-ablehnend zu kommentieren, sondern die (dargestellte) Realität besorgt zu untersuchen. Sprache also, die Wirklichkeit durchleuchtet.

---

46 W. Kohlhaase in P. J. Brenner, S. 183.

Die neuen Leiden enthalten, wie in Kap. 2.3 dargelegt, mehrere Erzählebenen mit ganz unterschiedlichen Funktionen, die zwanglos miteinander verknüpft sind. Die Zeitungsmeldungen und Todesanzeigen über Edgars Unfall mit tödlichem Ausgang; die Gespräche des Vaters mit den Personen, die seinen Sohn kannten. Sie stellen dem Vater das dar, was sie an Edgar hatten und für ihn empfanden. Dadurch werden die verschiedenen Stadien in Edgars Entwicklung klar. Die Gespräche geben das von den Beteiligten Erfahrene als subjektive Werturteile wieder.

In diese nun fährt Edgar mit seinen Jenseits-Kommentaren drastisch und korrigierend hinein. Sie sind nicht weniger subjektiv, aber stehen relativierend den Aussagen der anderen gegenüber, objektivieren somit das Bild, das der Vater, natürlich auch der Leser, von dem jungen Mann erhält. Von großer Wichtigkeit sind die für den Roman berühmten *Werther*-Zitate, insgesamt 16. In diesen Zitaten gibt sich Edgar ganz persönlich zu erkennen, etwa seine Gefühle, seine Gedanken und Empfindungen für andere, seine Einschätzung von Leben und Gesellschaft. Diese von Edgar „dazwischengefunkten" Kommentare sind sehr lebendig. Eine zusätzliche Wirkung gewinnen sie noch durch seine direkte Ansprache der Zuhörer, Zuschauer, Leser (S. 15, 19, 26, 30, 36, 37, 46 bis fast durchgängig 145), häufigst mit dem Wort „Leute".

Sprache der Jugend: Umgangssprache und funktionale Stilfärbung

Die von Edgar benutzte Sprache ist Umgangssprache mit eigenen, ganz individuellen Floskeln und Nuancierungen, die als funktionale Stilfärbung zu charakterisieren sind, d. h. mit einer spezifischen Atmosphäre innerhalb dieser oder jener funktionellen Verwendungsweise der Sprache.[47] Es ist die „poppige und fetzige" Jugendsprache, die so richtig „anmacht", und es

47 Vgl. B. Sowinski zitiert in: E. Neis, *Bausteine*, S. 26.

ist müßig, hier die Fülle der Redewendungen und einzelnen Ausdrücke zusammenzustellen, die Edgar loslässt. Mit dieser Sprache setzt sich Edgar krass von Werther ab, d. h. Sprache als ein in Zeit und Geschichte veränderbares Phänomen wird sehr plastisch deutlich, mithin auch der historische Abstand des modernen Romans zu seinem weltberühmten Vorgänger.[48]

Handelnder und reflektierender Ich-Erzähler (Werther – Caulfield – Wibeau)

Die drei Helden sind kritische, aber emotional stark reagierende und romantisch-idealistische Träumer.

Ihre Ausdrucksweise haben **Sturm- und Drang-Charakter**.

Sie sind Spiegelbilder für Generationsnöte und besitzen starkes Identifikationspotential.

Themen des Protestes – der Anklage, die von ihnen vorgetragen werden:

- gegen die Hohlheit und Phrasenhaftigkeit einer adeligen Wohlstandsgesellschaft (Werther)
- gegen die Uniformität und Gesichtslosigkeit der modernen US-Gesellschaft (Holden Caulfield)
- gegen sozialistisches Einheitsdenken und -handeln in der DDR (Edgar Wibeau)

48 „Situation und Diktion, Parodie und Argot sind eindeutig Determinanten eines ironischen Assoziationsfeldes, dem jedes einzelne Moment dieses Monologs rigoros untersteht", schreibt W. Girnus. – In: P. J. Brenner, S. 193.

2.7 Interpretationsansätze und Rezeptionsgeschichte

In der Interpretationsliteratur zu Plenzdorfs Roman *Die neuen Leiden des jungen W.* herrschen vier Sichtweisen vor.

- Der Roman wird lediglich als eine Adaptation der Goethe-Vorlage gewertet.
- Viele Germanisten schrieben dem Roman einen starken gesellschaftskritischen Appellcharakter zu.
- In den frühen siebziger Jahren wurde der Roman von der westdeutschen Germanistik als „kulturpolitisches Paradigma" der DDR erkannt.
- Außerhalb explizit politischer Betrachtungsweisen wird der Roman als ein Stück „Jugendliteratur" gesehen.

Auf Grund der veränderten gesellschaftlichen Bedingungen hat er heute jene politische Brisanz weitgehend verloren, die ihn seinerzeit in den Medien begleitete. In diesem Teilkapitel zitieren wir ausschnitthaft einige beispielhafte Sichtweisen, in denen die Weite und einstige Hitzigkeit der Diskussion um den Roman noch spürbar sind:

(1) H. Daiber, der hoch geschätzte und bekannte Theaterkritiker, spürt den Reaktionen im Anschluss an die ersten Bühnenaufführungen der *Neuen Leiden* nach.

„‚Das Schönste, was man über dieses Theaterstück sagen könnte, ist für DDR-Ohren das Schlimmste', begann Rolf Michaelis seinen Bericht, ‚es könnte ebenso gut im Westen spielen, könnte jedenfalls dort gespielt werden.' Und das wurde es auch, praktisch überall. Das Schlosspark-Theater ging voran (Mai 1973), im März 1975 waren etwa 140 Aufführungen erreicht, die Münchner Kammerspiele zeigten damals die 200. Vorstellung,

Das auch als Erzählung erschienene Stück war ursprünglich ein Film-Szenario, sein Autor Ulrich Plenzdorf Szenarist bei der DEFA. Die Kulturpolitiker der DDR taten sich schwer mit Edgar Wibeau, der sich in einer Laube verbarrikadierte, auf Ordnung, Sauberkeit und Pünktlichkeit pfeift, ‚echte' Musik machte und einem Freund Tonbandbriefe schickte. Die Akademie der Künste der DDR arrangierte eine öffentliche Aussprache, die Zeitschrift Sinn und Form, *die den Text vorabgedruckt hatte, eröffnete eine schriftliche Diskussion. Es sollten sechs Fragen geklärt werden: ‚Wo finden sich die Ursachen für die ungewöhnliche Wirkung der Arbeit von U. Plenzdorf? Wird Goethes Werk durch die Art des Rückbezuges auf ihn in Plenzdorfs Text abgewertet? Welche Rolle spielt dieser Rückbezug auf Goethes* Werther *für Plenzdorfs künstlerische Konstruktion, was wäre Plenzdorfs Arbeit ohne diesen Effekt? Hat die Kunst nur das Recht, ‚repräsentative' Gestalten der Jugend der DDR (im Sinne mustergültiger Charaktere) darzustellen? Wird durch die künstlerische Darstellung eines ‚verhaltensgestörten' Jugendlichen zwangsläufig das positive Ideal negiert oder vernichtet? Muss in einem Kunstwerk die Darstellung des sozialpolitischen ‚Gegengewichts' unbedingt in Gestalt eines vorbildhaften Gegenhelden erfolgen?' Das waren für die DDR heikle, für den Autoren nicht ungefährliche Fragen, zumal da Edgar Wibeau in der DDR Mode machte, denn die Ursachen für die ungewöhnliche Wirkung lagen selbstverständlich in dem Mut zum Ich, den Wibeau hatte und also auch machte. Ulbricht hätte dem Verhör des Wibeau seine Verurteilung folgen lassen, doch er war damals politisch nicht mehr aktionsfähig, und sein Nachfolger Erich Honecker machte eine Versöhnungsgeste: Er ließ sich zusammen mit Plenzdorf auf einem Ostberliner Schriftstellerkongress für Neues Deutschland fotografieren. – Sabine Wirsing schrieb im März 1975 in der Kritik an einem*

Plenzdorf und seinen Wibeau teils denunzierenden, teils imitierenden Roman von Rolf Schneider: ‚In den Buchläden der DDR gibt es zwar längst kein Exemplar des neuen Werther mehr zu kaufen, aber das Theaterstück wird zumindest in der Hauptstadt nach wie vor gespielt, und im ausverkauften Haus sind das Parkett und die Ränge jedes Mal voll von jungen Leuten, die genauso aussehen wie Edgar.' – Nach einer Lesung Plenzdorfs aus seiner Wertheriade (Februar 1975 in Zürich) eröffnete der Professor und Dramatiker Adolf Muschg die Diskussion mit der Parallele: Jugendrevolte im Westen, Flucht ins Kollektiv – Jugendrevolte im Osten, Flucht ins Private, nach dem Muster des Edgar Wibeau. Dazu der Autor: Er plädiere nicht für den Privatbereich jener, die Leistung verweigern wollen, sondern derer, die das von ihnen verlangte Ausmaß an Leistung nicht erbringen können." [49]

(2) In gewohnt scharfer Weise ging Reich-Ranicki mit dem Autor ins Gericht; er bezeugte dem Roman allerdings wichtigen dokumentarischen Charakter.

„Um sagen zu können, was er sagen wollte, hat Plenzdorf einen hohen Preis gezahlt. Er versieht seinen kessen Trotzkopf und Outsider mit allerlei Attributen, die ihn unter der Hand den traditionellen positiven Helden des sozialistischen Realismus wieder annähern, und das auf eine ziemlich fatale Weise. In seiner Laube hört Edgar eben nicht nur kapitalistisch-dekadente Musik, dort arbeitet er auch einsam und hartnäckig an einer technischen Erfindung, die dem Kollektiv und dem volkseigenen Betrieb zunutze kommen soll. Überdies kritisiert er – vom Jenseits aus – nachdrücklich sein Verhalten, zumal seinen Rückzug. ... Unser kleiner Ausreißer ist, wie man sieht, doch ein echter DDR-Musterknabe. – Was wollte nun Plenzdorf zeigen?

49 H. Daiber, *Deutsches Theater seit 1945*, ausschnitthaft zitiert bei R. Poppe (1999), S. 75–77

Dass in der DDR für einen jungen Menschen mit Charakter das Leben im Kollektiv eine Qual sei? Wollte er sagen, was wohl Wolf Biermann schon vor elf Jahren ausgedrückt hat mit den Versen ‚Er ist für den Sozialismus/und für den neuen Staat/ Aber den Staat in Buckow/Den hat er gründlich satt?' Oder wollte Plenzdorf mit Schiller predigen: ‚Ans Kollektiv ans treue, schließ dich an, das halte fest mit deinem ganzen Herzen, hier sind die starken Wurzeln deiner Kraft?' Ich meine: Beides ist unzweifelhaft in seiner Erzählung, und man sollte sich hüten, nur eine der beiden Seiten zu sehen. Auch sollte man sich nicht wundern, dass diese Neuen Leiden des jungen W. *in der DDR ganz außerordentlich ernst genommen werden und größtes Aufsehen hervorrufen. Nichts in dieser letztlich eher dürftigen Erzählung signalisiert den lang erwarteten Anfang einer neuen Literatur. Plenzdorfs geschickt präsentiertes Opus gehört zu jenen Büchern, deren künstlerische und intellektuelle Bedeutung geringfügig oder fragwürdig ist und die dennoch wichtige literarische Dokumente ihrer Zeit sind, weil sie zum ersten Mal etwas artikulieren oder doch erkennen lassen, was vorher überhaupt nicht oder nicht so deutlich sichtbar war."*[50]

(3) Eine knappe literaturgeschichtliche Einordnung nimmt H.-P. Franke vor, der sich dabei den Intentionen des Autors, den Inhaltsaspekten und der Sprache zuwendet.

„Zu Beginn der Handlung ist Edgar bereits tot, hört aber von ‚jenseits des Jordan' den Gesprächen seiner Bezugspersonen zu, die seinen Tod aufzuhellen versuchen. Diese Rekonstruktion des Geschehens ergänzt und korrigiert er aus der subjektiven – authentischen – Perspektive. Neben Handlungs- und Kommentarebene gibt es noch eine weitere Ebene, auf der Edgar, tot und lebendig, Goethes Werther *zitiert, den er als*

50 M. Reich-Ranicki, *Der Fänger im DDR-Roggen*, in P. J. Brenner, S. 262–269.

Reclamheft in der Laube gefunden hat. Zunächst befremdet über Werthers Verhalten und die klassische Sprache des Textes, erkennt Edgar mehr und mehr in den vergangenen bürgerlichen Leiden seine gegenwärtigen eigenen wieder. Rezeption und persönliche Erfahrung kommen so weit zur Deckung, dass er in kritischen Situationen seine ‚Werther-Pistole' zückt und Goethes Worte auf seine Umwelt abschießt: ‚Ich hatte nie im Leben gedacht, dass ich diesen Werther mal so begreifen würde.' Damit attackiert Plenzdorf die in der DDR verordnete Abneigung und Pflege des klassischen Erbes, das nicht durch einen kritischen Vermittlungsprozess lebendig gemacht wird, sondern, zu zeitloser Gültigkeit erstarrt, unverständlicher Code bleibt. Darüber hinaus konfrontiert Plenzdorf die Ansprüche eines Jugendlichen an das Leben mit dessen Erfahrungen von Normen, entfremdeter Arbeit, Anpassungszwängen und Kleinbürgertum im sozialistischen Alltag. Formal werden die verschiedenen Darstellungsebenen durch differenzierte Sprechweisen hervorgehoben."[51]

(4) H. Fischbeck setzt sich mit den eigenwilligen Charakterzügen und der Sprache des jugendlichen Helden, E. Wibeaus, auseinander. Sie sind in besonderer Weise motivierend und haben, wie in der Sekundärliteratur vielfach vorgetragen, das Interesse gerade des jugendlichen Lesers entschieden angestoßen.

„Ulrich Plenzdorf hat diesem Zusammenhang auch formal in seiner Erzählung Rechnung getragen, indem er den Stoff so strukturiert hat, dass die Titelfigur ihre eigenen Handlungen und Ansichten sowohl präsentiert als auch kritisch kommentiert. Der Autor hat dadurch die Möglichkeit, den Ausbruch aus der Gesellschaft und die Zurücknahme dieses Ausbruchs

51 H.-P. Franke u. a., *Geschichte der deutschen Literatur*, S. 223 f.

durch ein und dieselbe Person zu gestalten, und gerade dieses Moment der Zurücknahme muss mit besonderer Deutlichkeit herausgearbeitet werden, weil in der Rezeption dieses Textes bei uns eigentlich immer nur die Flucht und ihre Ursachen gesehen werden, nicht aber, dass sich Edgar nach seinem Tode darüber im Klaren ist, in welchem Ausmaß er selbst für bestimmte Entwicklungen verantwortlich ist und dass ‚die Kommentare aus dem Jenseits' einen Erkenntnisstand markieren, der die Haltung des spontanen Aufbruchs aus den vorgezeichneten Bahnen schon weit hinter sich gelassen hat. Es mag wohl darin begründet sein, dass in der Erzählung beide Einstellungen Edgars, sowohl seine kritische gegenüber der Gesellschaft als auch die selbstkritische, permanent ineinander verschränkt sind, so dass auch in der DDR von vielen Kritikern dieser ‚Lernprozess' gar nicht gewürdigt und Edgar als völlig statisch und unbelehrbar begriffen wird. Eine Möglichkeit, die Schüler vor dieser falschen Einsicht zu bewahren, besteht darin, die Erzählung aus ihrer Zeitbeschränkung zu befreien und den ständigen Wechsel der Zeitebenen zu unterbrechen, um damit kenntlich zu machen, welcher Abstand zwischen Edgar vor und nach seinem Tode besteht. – Was im Übrigen die Persönlichkeitsmerkmale angeht, die den Edgar gerade für jugendliche Leser oder Zuschauer so anziehend machen und zur Identifikation provozieren, so handelt es sich dabei um solche, die nicht zuletzt deshalb bei großen Teilen der Jugend attraktiv sind, weil sie aus einer Ablehnung (angeblich) erwachsenenspezifischer Einstellungen und Haltungen ableitbar sind: Sensibilität, Kreativität, Unsicherheit, Ehrlichkeit, Konsequenz im Verfolgen eingeschlagener Wege und Misstrauen gegenüber Erwachsenen. Natürlich ist bei der Ermittlung und Wertung solcher Charaktermerkmale die Kenntnis der wichtigsten Zusammenhänge aus der Entwicklungspsychologie notwendig, denn Edgars

Aktionen und Reaktionen sind zu einem nicht unbeträchtlichen Teil begründet in seiner Persönlichkeitsstruktur und nicht nur ausschließlich auf seine Umwelterfahrungen zurückzuführen. Diese beiden Bereiche, psychische Disposition und soziale Realität, dürfen nicht als nebeneinander stehende, unabhängig voneinander eine Person in ihrer Entwicklung bestimmende Faktoren gesehen, sie müssen vielmehr in ihrer dialektischen Beziehung begriffen werden, denn trotz des Rückzugs aus der Gesellschaft finden ständig (durch Charlie, Dieter, Willi, die Brigade) Versuche statt, Edgar aus seiner Isolierung herauszuführen. Der nachhaltigste Erfolg ist dabei durch die Arbeitskollegen erzielt worden, denn die Befürchtung, dass sie ihn nicht ernst nehmen könnten, bringt ihn zu seinem Vorhaben, allein ein nebelloses Farbspritzgerät zu konstruieren. – Die Anziehungskraft und Attraktivität Edgars für viele Leser beruht weiterhin darauf, dass dieser 17-jährige Lehrling sich eines sehr kunstvoll komponierten Idioms bedient, das offensichtlich dem bevorzugten Sprachstatus vieler Jugendlicher adäquat ist. Der Reiz wird noch dadurch erhöht, dass Edgars Sprechweise einen deutlichen Kontrast bildet zu Goethes Sprache in seinem Werther-Roman, einen Kontrast, der auch für diejenigen, die Goethes Briefroman nicht kennen, von großer Wirkung ist, weil es das Spezifische zweier historischer Epochen selbst im Unterschied der sprachlichen Merkmale auffindbar macht."[52]

(5) Konträre Stellungnahmen zur Sprache des Romans (Wibeaus) sind bei E. Neis nebeneinander gestellt. Sie fordern zu eigener Stellungnahme heraus.

„Edgar Wibeau bezeichnet Goethes Werther *zunächst als unlesbar: ‚Nach zwei Seiten schoss ich den Vogel in die Ecke.*

52 H. Fischbeck, *Zur Literaturproduktion und -rezeption in der DDR*, zitiert bei R. Poppe (1999), S. 78 f.

*Leute, das konnte wirklich kein Schwein lesen. Beim besten Willen nicht.' (*Die neuen Leiden, *S. 36) Aber versetzen wir uns einmal in die Situation und in die Zeit des Werthers. Wie hätte Werther auf die Ausdrucksweise Edgar Wibeaus reagiert? Das Sprachniveau Edgar Wibeaus hat Billigung, aber auch scharfe Ablehnung gefunden."*[53]

➤ **Der DDR-Kritiker Friedrich Karl Kaul äußerte sich am 16. 12. 1972 in der Zeitschrift *Sinn und Form* (1973/1) so:**

„Um mein Urteil knapp zu fassen: Mich ekelt geradezu – um keinen anderen Ausdruck zu benutzen – die Inbezugsetzung eines verwahrlosten – der Fachmann würde sagen ‚verhaltensgestörten' – Jugendlichen mit der goetheschen Romanfigur an; von dem Fäkalien-Vokabular, in dem des Langen und des Breiten über die innige Funktionsverbindung von Niere und Darm der plenzdorfschen Figur abgehandelt wird, ganz zu schweigen."[54]

➤ **Karl-Heinz Jakobs (*Heimatliche Kolportagen*, Berlin/ DDR 1975) kontert:**

„Plenzdorfs Wibeau ist eine Gestalt künstlerischer Erfindungskraft, und die Sprache, der er sich bedient, ist nicht, wie vielleicht einer behaupten könnte, Fäkalienjargon, sondern eine überaus subtile, hoch stilisierte Kunstsprache, hervorgegangen aus einem Modejargon."[55]

➤ **Wolfgang Kohlhase (*Sinn und Form*) fasst zusammen:**

„Die Funktion der Sprache in der Geschichte ist viel mehr als ein Kunstgriff, mehr als die Möglichkeit, der sich Prosa immer

---

53 E. Neis, S. 85.
54 F.-K. Kaul in *Sinn und Form* (1973) zitiert bei R. Poppe (1999), S. 80.
55 K.-H. Jacobs, *Heimatliche Kolportagen*, zitiert bei R .Poppe (1999), S. 80.

bedienen kann, dass sie in die Alltagssprache geht, dass sie Jargon verarbeitet. Mir scheint wichtig, dass Plenzdorf hinter den Sprechweisen den Denkweisen auf der Spur ist. Denkweisen und Fühlweisen verändern sich unmerklich; mit zwanzig ist man ein anderer Mensch als mit vierzig."[56]

➢ **Samuel Moser (*Basler Nachrichten* v. 27. 10. 1973) urteilt:**

„Fassade ist vor allem auch die Sprache, die Plenzdorf seinen W. sprechen lässt: beölen, sülzen, über den Jordan gehen, beschnarchen, pinnen, den Löffel abgeben, sich fläzen, popen, firnissen" – Edgar Wibeau schlägt mit einem Vokabular herum, das scheinbar der Umgangssprache abgehört ist, in Wirklichkeit aber nichts anderes als ein konstruierter Jargon, eine Geheimsprache. Eine Sprache, die jeden Kommunikationscharakter verloren hat."[57]

➢ **Herbert Reinoß (*Werther in Ost-Berlin*, Zeitwende 45, 1974) schreibt:**

„Nicht so lobenswert dagegen halte ich die Sprache vor allem Edgars. Natürlich kann man das machen: seinen ‚Helden' reden lassen, wie ‚ihm der Schnabel gewachsen' ist; aber dabei muss man sich in jedem Augenblick der Grenzen des Unternehmens bewusst sein. Die Ermüdungserscheinungen Plenzdorfs beim Durchhalten des einmal angeschlagenen Tons setzen ziemlich früh ein. Auch scheint mir diese Twen-Sprache nicht selten überzogen; Beispiele: ‚Dass ich über den Jordan ging, ist echter Mist', ‚Ich hechtete mich auf meine Kolchose' (d. h. eilte auf das Gelände der Gartenlaube); ‚ich ... begriff, dass diese ganze

56 W. Kohlhaase in *Sinn und Form* (1973) zitiert bei R. Poppe (1999), S. 81.
57 S. Moser in *Basler Nachrichten* vom 27. 10. 1973 zitiert bei R. Poppe (1999), S. 81.

Kolchose und das nicht mehr popte.' Oder: Zunächst findet man es einigermaßen lustig, wenn nicht nur von dem Freund als von ‚Old Willi' die Rede ist, sondern auch von ‚Old Werther', aber dann wird, bei einmaliger Erwähnung des Namens, auch van Gogh gleich zu ‚Old Gogh'. Gewisse Wendungen gebraucht Edgar immer wieder: ‚Ich dachte mich streift ein Bus'; ‚Ich dachte mich tritt ein Pferd'; ‚Das stank mich immer fast gar nicht an', ‚ich analysierte mich kurz ...' – und das erinnerte mich dann doch sehr direkt und nachdrücklich an solche wiederkehrenden Wendungen in Unterhaltungsfilmen. Vor allem: Es kommt nicht sonderlich viel dabei heraus, wenn der Autor versucht, mit solch einer Sprache z. B. Liebe zu umschreiben. (Und was hätte sich wohl ergeben, wenn Edgar Wibeau wie Werther gefragt hätte: ‚Was ist der Mensch?'; ‚Was ist das Herz?'; ‚Was ist die Natur?'; ‚Was ist Gott?') Mit früheren Werther-Dichtungen unseres Jahrhunderts wie Tonio Kröger *oder Hamsuns* Mysterien *kann ich Plenzdorfs Roman beim besten Willen nicht gleichsetzen."*[58]

(6) M. Menge reflektiert den „Tod" als Thema in der DDR-Literatur ganz allgemein:

„Tatsächlich haben sich bisher nicht sehr viele DDR-Schriftsteller an das Thema ‚Tod' gewagt: Sarah Kirsch tut es in ihren Geschichten; auch Günter Kunert, für den Literatur ‚in der Hauptsache Ergebnis eines Widerspruchs ist: dessen, der von jeher zwischen Soll und Haben im Kontobuch menschlicher Existenz besteht'. Christa Wolf hat ein ganzes Buch über das Sterben geschrieben: ‚Nachdenken über Christa T.' (‚Sie nennt die Angst nicht bei ihrem Namen, sie sagt Schock, sie sagt Einsamkeit, Hilfsnamen. Als gäbe es ein Tabu, das sie anerkennt, und als sei ‚Angst' nun für immer nur noch ein anderes

58 H. Reinoß in *Zeitwende 1945*, zitiert bei R. Poppe (1999), S. 81.

Wort für ‚Tod'.)' – Zwar ist Tod kein Tabu für DDR-Schriftsteller, doch wenn sie sich mit ihm beschäftigen, machen sie menschliche Ohnmacht deutlich. So Hermann Kant im Impressum*: ‚Nun war er tot, im vierzigsten Lebensjahr hinaus aus dem Leben, unglaublich tot und so unpassend auch …' Gab es passenden Tod? Doch, vom Sterben gab es einleuchtende Arten und solche, die zu nichts stimmen. Und zu Gerhard Rykow stimmte die schwarz umrandete Anzeige nicht, weil sie sich wie ein spätes, aber übermächtiges Argument gegen allen Optimismus ausnahm, weil sie ein Beweis schien, dass Zuversicht doch immer noch ein eitler Glaube sei.' Und Reiner Kerndl meditiert in seinem ‚Plädoyer für die Suchenden': ‚… Wir Marxisten … eigentlich haben wir uns ärmer gemacht; um eine schöne Illusion. Das gibt's doch für manche Leute noch, den Kinderglauben, es ginge immer weiter – und danach … Für uns heißt es, heute und hier leben. … Was danach kommt, ist nur noch Materie und geht uns nichts mehr an. … Wenn man noch alles vor sich hat … ja, da ist es leicht, die Vernunft um die Welt zu tragen, die schöne Selbstverständlichkeit: Wir leben nur einmal und wollen schon hier das Himmelreich und Zuckererbsen für jedermann. Wenn man's noch vor sich hat und hundert Jahre bis dorthin sind, bis zu dieser Wahrheit, damit sie ganz vollkommen wird und jeder sie guten Gewissens nehmen kann: zu sagen, dass man … jeder allein ist. Ganz allein.' – Edgar hätte nicht beim Experimentieren mit seiner Maschine zu sterben brauchen, wenn er sie nicht allein, sondern im Kollektiv gebaut hätte. Demonstration zum Thema ‚Tod' am untauglichen Objekt also? Edgars Tod ist wenigstens dramaturgisch zu rechtfertigen: Edgar Wibeau musste den Tod finden, denn er war in seinem Individualismus vorgegeben, und außerdem ließ sich die Geschichte nur solcherart überzeugend erzählen."*[59]

59 M. Menge zitiert bei R. Poppe (1999), S. 82.

3. Themen und Aufgaben

Seit dem Erscheinen von *Die neuen Leiden des jungen W.* gibt es interessante unterrichtsbezogene Diskussionen und konkrete Anregungen für den Umgang mit beiden Texten im Unterricht, mit dem klassischen und dem modernen. Heute nimmt man die Texte ohne heftige Kontroversen an als das, was sie sind: zwei unabhängige literarische Texte aus zwei sehr verschiedenen Epochen, erschienen in einem zeitlichen Abstand von 200 Jahren. Da sie jedoch etwas miteinander zu tun haben, werden sie im Unterricht gern parallel gelesen.[60] Während Goethes *Werther* ‚isoliert' betrachtet werden könnte, erscheint dies bei Plenzdorfs Roman nicht sinnvoll. Er lebt ganz wesentlich von den *Werther*-Zitaten, und so liegt es nahe, beide Texte in einem direkten Vergleich anzugehen. Einen solchen Vergleich beziehen wir als einen von vier Aufgabenvorschlägen auch ein. Die Kernfrage, die sich dem Unterrichtenden heute stellt, ist aber eine ganz andere: Wie kann es gelingen, neben der Schulung von **Analyse und Interpretation** auch **produktive Verfahren des Umgangs mit Texten** zu berücksichtigen, und zwar am Goethe- und am Plenzdorf-Roman? Die Materialien des folgenden, 4. Kapitels dienen uns als Rohmaterial für Aufgaben zu beiden Romanen.

60 vgl. O. Leppla, L. Lucas, E. Neis oder R. Poppe (2000) mit teilweise sehr unterschiedlichen Zugangsweisen zum Text im Unterricht.

A Wer ist ein freier Mann?

siehe Kapitel 4, S. 79.

Pfeffels Gedicht zählt zu den Beispielen so genannter **Reflexionslyrik**. Es thematisiert den Freiheitsbegriff der Liberalen im ausgehenden 18./frühen 19. Jahrhundert. Das in dem Gedicht artikulierte Verständnis ist anders als der von Goethes Werther empfundene Wunsch, sich frei zu entfalten. Von beiden setzen sich Wibeaus Empfindungen ab. Er fühlt sich zur Selbstverwirklichung aufgerufen, gleichzeitig sucht er die Anbindung an die Gesellschaft, der er angehört.

- Formulieren Sie den bei Pfeffel vertretenen Freiheitsgedanken thesenhaft/schlagwortartig.
- Setzen Sie ihm ebenso schlagwortartig Werthers Grundempfindungen entgegen.
- Entwerfen Sie einige Kernthesen des Edgar Wibeau.
- Entwickeln Sie eine Gesprächsszene, in der Pfeffel, Werther und Edgar über die „Freiheit des Individuums" diskutieren.

B Zentrale Briefstellen aus Goethes *Werther*

siehe Kapitel 4, S. 79 ff.

Die ausgewählten Briefe zeigen die zunehmende Resignation und Vereinsamung des Helden. Wibeaus eigene Empfindungen korrespondieren phasenweise damit.

- Schreiben Sie ein Dutzend Briefe, die Edgar geschrieben haben könnte, und zeigen Sie daran seinen Gemütszustand auf.
- Notieren Sie einige Tagebuchseiten Edgars, in denen deutlich wird, dass und wie er sich gegen seine Misserfolgsgefühle und gegen seinen bedrohlich werdenden Lebensüberdruss wehrt.
- Vollziehen Sie mit Zitaten aus einzelnen der *Werther*-Briefe Edgars Empfindungen nach, schreiben Sie die Briefstellen entsprechend um.

C Isolation als Ursache von Leiden

siehe Kapitel 4, S. 82 f.

Goethes Werther leidet nicht nur daran, dass seine Liebe zu Lotte von ihr in dem erhofften Maße nicht erwidert werden kann; in seiner Enttäuschung kommt vielmehr zum Ausdruck, wie weit er sich, einem idealistischen und realitätsfernen Traumbild verfallen, von der Lebenswirklichkeit, d. h. von der Gesellschaft entfernt hat. Er zerbricht letztlich an seiner immer krankhaftere Züge annehmenden Idealisierung des Daseins.

- Stellen Sie nebeneinander (Tabelle): die gesellschaftliche Wirklichkeit und Werthers Vorstellungen davon, wie sie sein sollte. Erproben Sie diese gesellschaftliche Utopie, indem Sie diese um Edgars Idealbild von ihr erweitern.

- Setzen Sie sich mit beiden in der Form einer knappen Abhandlung auseinander.

D Wertheriaden

siehe Kapitel 4, S. 83 f.

Die Übersicht einiger Daten von literarischen Nachschöpfungen zu Goethes *Werther* soll zu einer ähnlichen Synopse anregen.

- Erstellen Sie eine eigene Grafik.
- Skizzieren Sie einige Gedanken zu einem Drehbuch für einen gesellschaftskritischen Film unserer Tage, in dem ein junger Mann an seinen Erwartungen gegenüber der Gesellschaft und an sich selbst scheitert.

4. Materialien

(A) Wer ist ein freier Mann?

„Wer ist ein freier Mann?
Der, dem nur eigner Wille,
Und keines Zwingherrn Grille
Gesetze geben kann;
Der ist ein freier Mann.

Wer ist ein freier Mann?
Der das Gesetz verehret,
Nichts tut, als was er verwehret,
Nichts will, als was er kann;
Das ist ein freier Mann.

Wer ist ein freier Mann?
Wem seinen hellen Glauben
Kein frecher Spötter rauben,
Kein Priester meistern kann;
Der ist ein freier Mann.

Wer ist ein freier Mann?
Der auch in einem Heiden
Den Menschen unterscheiden,
Die Tugend schätzen kann;
Der ist ein freier Mann.

Wer ist ein freier Mann?
Dem nicht Geburt, noch Titel,
Nicht Sammetrock, noch Kittel,
Den Bruder bergen kann;
Der ist ein freier Mann.

Wer ist ein freier Mann?
Wem kein gekrönter Würger
Mehr als der Name Bürger
Ihm wert ist, geben kann;
Der ist ein freier Mann.“[61]

(B) Zentrale Daten in Briefen aus Goethes *Werther*[62]

13. Mai **1771** Noch befindet sich Werther in guter Verfassung und in Übereinstimmung mit sich selbst.

61 G. B. Pfeffel (1736–1809): *Wer ist ein freier Mann?* In: B. Ogan (Hrsg.), Formen oppositioneller Literatur in Deutschland. Arbeitstexte für den Unterricht, S. 11 f.

62 Zentrale Briefstellen übernommen aus R. Poppe (2000), S. 57–58.

30. Mai	Hörbare Ausflüchte; Schwärmerei; mit diesen Äußerungen kaschiert Werther seine Unfähigkeit, sich wirklich auf etwas konzentrieren zu können.
16. Juni	Werther verliert sich an seine Illusion.
1. Juli	Seine Gefühle für Lotte nehmen krankhafte Züge an und werden zu einer Bedrohung für ihn.
13. Juli	Die Probleme beginnen sich zu verdichten.
16. Juli	Selbstmordgedanken werden laut.
19. Juli	Die Unruhe in Werther steigert sich; seine Liebe zu Lotte bringt ihn unausweichlich näher an den Abgrund.
24. Juli	Werther ist nicht mehr im Stande, sich rational handelnd aus der Konfliktlage zu befreien.
26. Juli	Er ist bereit zu sterben.
8. August	Wachsendes Selbstmitleid.
18. August	Isolation

22. August	Werther erkennt seinen Zustand.
28. August	Abschiedsgewissheit
10. September	Scheinausweg

---

20. Oktober	Werther hat nur Gedanken für Lotte; alles Andere ist bedeutungslos für ihn.
24. Dezember	Gesteigerte Sehnsucht.
17. Februar **1772**	Werther kokettiert mit seinem Leid.
5. Mai	Erlösungshoffnungen.
16. Juni	Zunehmende Kommunikationsschwierigkeiten; sprachlose Erschütterung.
4. September	Eins mit der sich auflösenden (herbstlichen) Natur.
6. September	Werther trifft Vorbereitungen, seinen lange gefassten Entschluss in die Tat umzusetzen.
3. November	Absolute Bewusstheit Werthers über die eigene Situation.

21. November	Werthers Leid hat den Höhepunkt erreicht.
4. Dezember	Gibt sein Leben in Gottes Hand.
21. Dezember	Letzte Briefe; Tod.

(C) Isolation als Ursache von Leiden

„Werther führt eine Existenz, losgelöst von allgemeinverbindlichen Richtlinien. Er muss seine selbstgewählte Freiheit ertragen lernen und sich gegenüber den Belastungen äußerer Zwänge behaupten können. Die Loslösung seiner Existenz von der Gesellschaft vollzieht sich in der Einsamkeit. Die gesellschaftliche Umwelt wird durch seine Innenwelt, Gedanken und Spekulationen ersetzt.
‚... – Das alles, Wilhelm, macht mich stumm. Ich kehre in mich selbst zurück und finde eine Welt! Wieder mehr in Ahnung und dunkler Begierde als in Darstellung und lebendiger Kraft. Und da schwimmt alles vor meinen Sinnen, und ich lächle dann so träumend weiter in die Welt.' (Brief vom 22. Mai 1771).
In diesem Zustand muss Werther auch nach neuen Bezugspunkten suchen, da äußere Bezugspunkte, der Kontakt mit der Gesellschaft durch Beruf oder Familie, für ihn verloren sind. In der Liebe zu Lotte gewinnt er den entscheidenden Fixpunkt seiner freigesetzten Subjektivität. Neben seiner Hingabe an die Schönheiten der Natur und die Naturpoesie steigert sich seine Verehrung für Lotte in eine idealistische Verklärung. Lotte entspricht in Wirklichkeit nicht dem Wunschbild seiner Vorstellungen. Lotte ist ein natürliches Mädchen, nicht träumerisch oder schwärmerisch veranlagt, verständig, ausgeglichen, und lebt mit den Bedingtheiten des Daseins, denen sie sich selbstverständlich einordnet, in Harmonie. Durch

seine Liebe zu Lotte wird Werther wieder in die Einschränkung zurückgeführt, der er zu entkommen versuchte. In der Liebe zu Lotte erfährt Werther, dass er, nach dem Rückzug aus den gesellschaftlichen Zwängen, nicht in Freiheit ein wahres Naturdasein führen kann, sondern sein Anspruch auf freie Entfaltung der Persönlichkeit wiederum an die Schranken der Realität stoßen muss. Werther scheitert an der Idealisierung der eigenen Umwelt. Mit der Entscheidung zum Selbstmord zerstört er das Trugbild seiner idyllischen Existenz. Scherpe schreibt dazu: ‚Erst als Selbstmörder handelt er als Realist.' Werthers Selbstmord zeigt, dass er seine selbst gewählte subjektive Freiheit nicht behaupten konnte. Von diesem Standpunkt aus sieht sich Werthers Tod nicht als eine Entgrenzung des Ich an, als eine Erlangung des Ideals durch den Tod, sondern als ein Akt der Unterwerfung unter die realen Zwänge der bürgerlichen Lebensordnung."[63]

(D) Wertheriaden[64]

Deutschland ab 1774	**Frankreich ab 1775**	**England ab 1779**	**Italien ab 1781**
Johann W. Goethe: ***DieLeiden des jungen Werther*** (1774) C. E. von Reitzenstein: *Lotte bei Werthers Grabe* (1774)	F. R. A. Chateaubriand: *René* Zur Titelfigur dieses Romans schreibt F. Siegburg in seiner bedeutenden Chateaubriand-Biografie: „... *Der Romanheld René ist gewiss ein Nachfahr des*	In den achtziger Jahren des 18. Jahrhunderts nahm sich eine große Zahl weitgehend unbekannter Dichter des *Werther* an. Er hatte aber bei weitem nicht den sensationellen Erfolg wie in	Übersetzungen und Nachdichtungen volkstümlichen Zuschnitts, von denen besonders die Komödie *Verter* und der Roman *Ultime Lettere di Jacopo Ortis* zu erwähnen sind.

63 Eva Brinckschulte, *J. W. G.: Die Leiden des jungen Werthers*, zitiert in R. Poppe (1999), S. 70.
64 Zu den „Wertheriaden" vgl. ausführlich K. Scherpe, *Werther und Wertherwirkung*.

F. Nicolai: *Die Freuden des jungen Werther* (1775)

J. M. R. Lenz: *Zehn Briefe über die Moralität der Leiden des jungen Werther* (1775)

A. C. Stockmann: *Die Leiden der jungen Wertherin* (1775)

J. A. Miller: *Siegwart, eine Klostergeschichte* (1776)

J. M. R.Lenz: *Der Waldbruder* (1776)

Th. Mann: *Lotte in Weimar* (1939)

U. Plenzdorf: ***Die neuen Leiden des jungen W.*** (1972)

Werther, aber dann auch ein Vorläufer des Adolphe *von Benjamin Constant. Goethe befreit sich von seiner Liebe zu Charlotte, indem er sie gleichsam an Werther abtritt. Werther ist ein lebendiger Mensch, er existiert, darum ergreift uns sein Untergang, darum triumphiert Goethe über sein Leid. Es ist ein Akt der Befreiung durch die Kunst. Dem französischen Dichter gelingt diese Befreiung nicht, denn er kann seinem Helden René wohl seine Gefühle, nicht aber seine Konflikte abtreten."* (1802)

Frankreich, trotz des im Kontext des Briefromans anklingenden *Ossian*.

Erst mit J. D. Salingers ***The Catcher in the Rye*** (1951) taucht in der anglo-amerikanischen Literatur ein bedeutendes Werk in der Nachfolge des *Werther* auf.

A. S. Sografi: *Verter* (1794)

U. Foscolo: *Ultime Lettere di Jacopo Ortis.* (1799)

Goethe erhielt ein Widmungsexemplar des Romans, aus dem er einige Briefe übersetzte. Heinrich Luden (1780–1847), ein junger Geschichtsprofessor aus Jena, übertrug 1807 das italienische Original unter dem Titel *Die letzten Briefe des Jacopo Ortis.*

Literatur

Plenzdorf, Ulrich: *Die neuen Leiden des jungen W.* Frankfurt: Suhrkamp Taschenbuch Verlag, 1976.
(Nach dieser Ausgabe wird zitiert.)

Plenzdorf, Ulrich: *kein runter kein fern.* Frankfurt: Suhrkamp, 1984.

Goethe, Johann Wolfgang von: *Die Leiden des jungen Werther. Mit einem Nachwort von E. Beutler.* Stuttgart: Reclam, 1984 (RUB 67).

Goethe, Johann Wolfgang von: *Die Leiden des jungen Werther. Mit einem Nachwort, einer Zeittafel zu Goethe, Erläuterungen und biografischen Hinweisen von H.-W. Jäger.* München: Goldmann, 1984 (Goldmann Klassiker).

Salinger, Jerome D.: *Der Fänger im Roggen (The Catcher in the Rye).* Reinbek b. Hamburg: Rowohlt, 1989.

Balfour, M.: *Vier-Mächte-Kontrolle in Deutschland 1945–1946.* Düsseldorf, 1959.

Bracher, Karl Dietrich/Theodor Eschenburg/Joachim C. Fest/Eberhard Jäckel (Hrsg).: *Geschichte der Bundesrepublik Deutschland in fünf Bänden.* – Band 5 (I/II): K. D. Bracher u. a.: *Republik im Wandel 1969–1974 und 1974–1982.* Stuttgart/Mannheim, 1986/87.

Brandt, Willy: *Über den Tag hinaus. Eine Zwischenbilanz.* Hamburg, 1974.

Eschenburg, Th.: *Jahre der Besatzung. 1945–1949. Geschichte der Bundesrepublik Deutschland.* Bd. 1. Stuttgart, 1984.

Filmer, W./H. Schwan (Hrsg.): *Alltag im anderen Deutschland.* Düsseldorf, 1985.

Fischbach, G. (Hrsg.): *DDR-Almanach '90. Daten – Informationen – Zahlen.* Stuttgart, 1990.

Haernden, A.: *Bildungspolitik in der BRD und DDR.* Düsseldorf, 1973.

Heinemann, H. (Hrsg.): *Umerziehung und Wiederaufbau. Die Bildungspolitik der Besatzungsmächte in Deutschland.* Stuttgart, 1981.

Informationen zur politischen Bildung: *Geschichte der DDR.* 2. Quartal 1991 (Heft 231). München, 1974.

Informationen zur politischen Bildung: *Die Teilung Deutschlands 1945–1955.* 3. Quartal 1991 (Heft 232). München, 1974.

Klein, H.: *Bildung in der DDR. Grundlagen, Entwicklungen, Probleme.* Hamburg, 1974.

Kleßmann, Chr.: *Die doppelte Staatsgründung. Deutsche Geschichte von 1945–1955.* Schriftenreihe der Bundeszentrale für politische Bildung. Bonn, 1986.

Königsdorf, H.: *Adieu DDR... Protokolle eines Abschieds.* Reinbek b. Hamburg, 1990.

Lehmann, Hans Georg: *Öffnung nach Osten. Die Ostreisen Helmut Schmidts und die Entstehung der Ost- und Entspannungspolitik*. Bonn, 1984.

Morsey, R.: *Die Bundesrepublik Deutschland. Grundriss der Geschichte*. Band 19. München, 1987.

Paschkies, G.: *Umerziehung in der britischen Zone 1945–1949*. Weinheim, 1979.

Pleticha, Heinrich (Hrsg.): *Deutsche Geschichte. Band 12: Geteiltes Deutschland. Nach 1945*. Gütersloh, 1987.

Ploetz, K.: *Hauptdaten der Weltgeschichte*. Würzburg, 1972 u. ö.

Ruhl, H.-J. (Hrsg.): *Neubeginn und Restauration*. München, 1982 (dtv-Dokumente).

Rüther, G. (Hrsg.): *Kulturbetrieb und Literatur in der DDR*. Köln, 1987.

Schröck, Rudolf: *Willy Brandt. Eine Biografie*. München, 1991.

Spittmann, I. (Hrsg.): *Die SED in Geschichte und Gegenwart*. Köln, 1987.

Weber, H.: *Die DDR 1945–1986*. München, 1988.

Brenner, P. J. (Hrsg.): *Plenzdorfs Die neuen Leiden des jungen W. Materialien*. Frankfurt, 1982 (Suhrkamp).

Brinckschulte, Eva: *Johann W. von Goethe. Die Leiden des jungen Werther*. Hollfeld, 1978

Eisenbeis, M.: *Ulrich Plenzdorf. Die neuen Leiden des jungen W.* 10. Auflage, Stuttgart, 2000 (Lektürehilfen).

Fischbeck, H.: *Ulrich Plenzdorf. Die neuen Leiden des jungen W. Zur Literaturproduktion und -rezeption in der DDR*. In: Diskussion Deutsch (Heft 18). Frankfurt, 1974.

Jäger, G. (Hrsg.): *Die Leiden des alten und neuen Werther. Kommentare, Abbildungen, Materialien*. München, 1984 (Hanser Literatur-Kommentare, Bd. 21).

Kölner Stadtanzeiger: *Innerer Monolog. Ulrich Plenzdorf las im „treffpunkt taschenbuch"*. 27./28. April 1985.

Kölner Stadtanzeiger: *Gespräch mit dem in Ost-Berlin lebenden Schriftsteller Ulrich Plenzdorf: „Probleme vor der Haustür"*. 12. September 1985.

Leppla, O./Fischer, H.: *Plenzdorf. Die neuen Leiden des jungen W*. Stuttgart, 1985 (Stundenblätter/Klett).

Lucas, Lore: *Textsorte Drama*. Bochum, 1977. Darin: *Ulrich Plenzdorf. Die neuen Leiden des jungen W.*, S. 168–192.

Matzkowski, Bernd: *Wie interpretiere ich Novellen und Romane?* Hollfeld, 1997. Darin: *Goethe, Die Leiden des jungen Werther/Plenzdorf, Die neuen Leiden des jungen W.*, S. 49–67.

Münder, P.: *Ulrich Plenzdorf. Die neuen Leiden des jungen W.* Hollfeld, *1985* (Königs Erläuterungen und Materialien).

Neis, E.: *J. W. v. Goethe. Die Leiden des jungen Werthers – U. Plenzdorf; Die neuen Leiden des jungen W. Unterrichtssequenzen für den Literaturunterricht auf der Sekundarstufe I und II.* Hollfeld, 1985 (Bausteine-Deutsch).

Poppe, R.: *Ulrich Plenzdorf.: Die neuen Leiden des jungen W. – kein runter kein fern*. 11. Aufl. Hollfeld: Bange, 1999 (Königs Erläuterungen und Materialien).

Poppe, R.: *Ulrich Plenzdorf: Die neuen Leiden des jungen W. Ansichten, Wertungen, Kommentare – Anregungen für den Unterricht*. Hollfeld: Beyer, 2000 (Analysen und Reflexionen).

Scherpe, K.: *Werther und Wertherwirkung. Zum Syndrom bürgerlicher Gesellschaftsordnung im 18. Jahrhundert*. Bad Homburg, 1970.

Wolff, J. (Hrsg.): *Ulrich Plenzdorf. Die neuen Leiden des jungen W*. Stuttgart 1985 (Editionen für den Literaturunterricht – Materialien, Klett).

Bantel, O.: *Grundbegriffe der Literatur*. Frankfurt, 1974.

Blumensath, Chr.: *Einführung in die DDR-Literatur*. Stuttgart, 1983.

Daiber, H.: *Deutsches Theater seit 1945*. Stuttgart, 1976.

Feinäugle, N. (Hrsg.): *Fach- und Sondersprachen. Arbeitstexte für den Unterricht*. Stuttgart, 1980 (Reclam „blaue Reihe", RUB 9510).

Franke, H. P. u. a.: *Geschichte der deutschen Literatur. Von 1945 bis zur Gegenwart*. Stuttgart, 1987 (Pegasus Klett).

Goette, J. W. (Hrsg.): *Arbeiterliteratur. Texte und Materialien zum Literaturunterricht*. Frankfurt, 1975.

Hippe, R. (Hrsg.): *Politische Reden*. Hollfeld, 1981 (Dichtung in Theorie und Praxis).

Kabisch, E.-M.: *Interpretation wiederholen und üben*. Stuttgart, 1990 (Pegasus Klett).

Landesinstitut für schulpädagogische Bildung Nordrhein-Westfalen: *Literatur in der DDR II*, (Heft 66). Düsseldorf, 1977. [inzwischen Landesinstitut Soest].

Lützeler, P. M./McLeod, J. E (Hrsg.): *Goethes Erzählwerk*. Stuttgart, 1985 (RUB 8081). Darin: Hans Rudolf Vaget: *Die Leiden des jungen Werther*, S. 37–72.

Moser, H.: *Umgangssprache zu ihren Formen und ihrer Stellung im Sprachganzen*. In: Zeitschrift für Mundartforschung 27 (1960) zitiert bei: N. Feinäugle, ebd., S. 107.

Max, F. R./Ruhrberg, Chr. (Hrsg.): *Reclams Roman Lexikon. Deutschsprachige erzählende Literatur vom Mittelalter bis zur Gegenwart*. Stuttgart, 2000.

Ogan, B. (Hrsg.): *Formen oppositioneller Literatur in Deutschland*. Stuttgart, 1975 (RUB 9520).

Poppe, R.: *Jerome D. Salinger. Der Fänger im Roggen (The Catcher in the Rye)*. Hollfeld: Bange, 1999 (Königs Erläuterungen und Materialien).

Rühmkorf, P.: *Exkurse in den literarischen Untergrund*. Hamburg, 1967.

Skorna, H.-J.: *Zur didaktischen Erschließung politischer Dichtung*. Bochum, 1972.

Waldmann, G.: *Produktiver Umgang mit Literatur im Unterricht*. 2. korr. Auflage, Baltmannsweiler, 1999.

Weitere wichtige Literaturhinweise zur Geschichte und Politik Deutschland (BRD und DDR) findet der Leser in den Informationen zur politischen Bildung und in dem Band von Chr. Kleßmann *Die doppelte Staatsgründung*. –

An dieser Stelle sei noch einmal angemerkt, dass unsere ERLÄUTERUNGEN und MATERIALIEN als Hilfestellungen für das eigenständige Eindringen des Lernenden in die Thematik/in den literarischen Text konzipiert sind.

Materialien aus dem Internet:

http://www.fh-lueneburg.de/u1/gym03/homepage/faecher/deutsch/plenzdorf/plenzdorf.htm
(Semesterarbeit: Inhalt, Erzählstruktur, Situation der Jugendlichen in der DDR, Plenzdorf und die Kulturpolitik, usw.)

http://schule.spiegel.de/goethe/werther/0,2172,85997,00.html
(Sequenzplan „Die neuen Leiden des jungen W.", Fernsehfilm, Ulrich Plenzdorf/ Eberhard Itzenplitz, SWF 1976)

Verfilmung:

Die neuen Leiden des jungen W. BRD 1976.
Regie: Eberhard Itzenplitz.